宗教の祈り
親鸞の願い

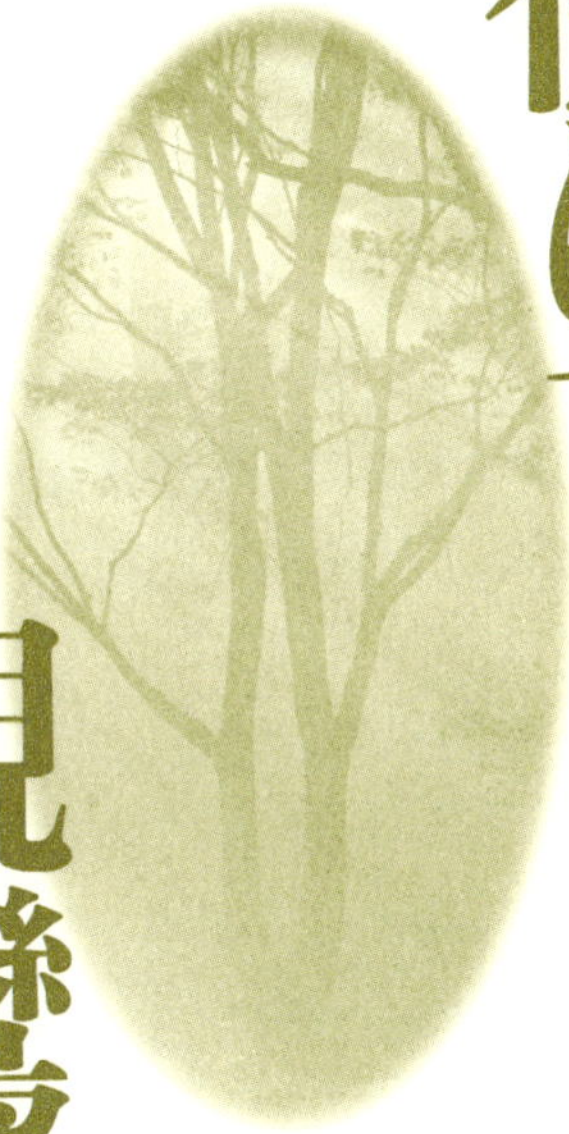

高田信良《たかだしんりょう》

法藏館

宗教の祈り　親鸞の願い＊目次

I

II

装幀　井上二三夫

I

龍谷大学深草学舎顕真館

祈りと願い――イエスの勧め、釈尊の勧め

仏教とキリスト教

「祈《いの》りと願い――イエスの勧め、釈尊の勧め」という非常に大きな題を掲げました。題にふさわしいお話ができるわけではないのですが、一般的に宗教における「祈り」という事柄を巡って、特に、浄土真宗の特徴を考えようとすると、このようなおおげさな題になってしまいました。ともかくも、皆さんと共に考えましょうという主旨でお話をさせていただきます。

お渡しした一枚の資料は、キリスト教における「主《しゅ》の祈り」、そして、仏教、特に浄土の教えにおいて重要な「二河白道《にがびゃくどう》の譬喩《ひゆ》」です。キリスト教の「主の祈り」というのは、

新約聖書のマタイ伝における山上の説教、山上の垂訓《すいくん》と昔から言われているものですが、そこで、イエスが弟子たちにこのように祈りなさいと教えている場面です。キリスト教では、礼拝の際、祈りを捧げるときに用いられる大切なものです。その「主の祈り」と「二河白道」の物語を対比させながら、少しばかり浄土真宗の文脈を一緒に味わわせていただきたい、そのような主旨でお話させてもらおうと思います。

主の祈りと二河白道の譬喩を対比するような主旨の題を選んだのは、実は、先月、ドイツのマールブルク大学での「仏教とキリスト教——浄土真宗とプロテスタント神学」というシンポジウムに参加したことがきっかけとなっています。

マールブルク大学の神学部と大谷大学との共催企画のこのシンポジウムに御縁をいただいたのですが、私に与えられた題が「祈りと瞑想《めいそう》」でした。キリスト教における祈りと仏教における瞑想——メディテイション、メディタチオンを対比的に考えようという主旨なのでしょうが、浄土真宗にとっては最も扱いにくい「祈り」という題でいったい何をお話したらいいのかと、ひとしきり悩みました。思い切って、「二河白道」の話を紹介しながら、仏教の文脈、浄土真宗の特徴についてお話をすることにしました。そして、私とペアになるドイツの先生が「主の祈り」を中心にしてキリスト教の「祈り」にはこのような特徴がある、というお話をしてくださいました。今日は、このようなホットな経験の直後なので、先月の議論を思い出しながらお話をさせていただこうと思います。

主の祈り

皆さんは、二河白道図という絵を見たことがありますか。最近は、ビデオやアニメーションを見ることはあっても、二河白道図や地獄絵などを見ることは少ないと思います。お説教でも、最近は、あまり用いられないのかもしれません。

その二河白道の前に、「主の祈り」について少しばかりお話したいと思います。「主の祈り」は、マタイによる福音書、新約聖書のマタイ伝六章にあります。イエスが弟子たちに、いろいろと教えているところです。この山上の説教は、よく知られた主題がたくさんあるところです。

「心の貧しい人々は、幸いである、天の国はその人たちのものである。悲しむ人は、幸いである。その人たちは慰められる」等々と始められるイエスの説教です。「地の塩、世の光」「律法《りっぽう》について」「敵を愛しなさい」「求めなさい、そうすれば、与えられる」「狭い門から入りなさい」等々について聞いたことがあるでしょうか。そのような一連の教えのなかの「祈りについて」という部分が「主の祈り」と呼ばれています。

「また、あなたがたが祈るときは、異邦人のようにくどくどと述べてはならない。異邦人は、言葉数が多ければ、聞き入れられると思いこんでいる。彼らのまねをしてはならない。あなたがたの父は、願う前から、あなたがたに必要なものをご存じなのだ。だから、こう祈りなさい。

『天におられるわたしたちの父よ、
御名《みな》が崇《あが》められますように。
御国《みくに》が来ますように。
御心《みこころ》が行われますように、
天におけるように地の上にも。
わたしたちに必要な糧《かて》を今日与えて下さい。
わたしたちの負い目を赦《ゆる》してください、
わたしたちも自分に負い目のある人を

赦しましたように。
わたしたちを誘惑に遭わせず、
悪い者から救ってください。』」

「天におられるわたしたちの父よ、御名《みな》が崇《あが》められますように」という表現があります。キリスト教という宗教では、「神の名」、自ら名のり出てくる、つまり、啓示《けいじ》してくる神がありま す。「神の名」がとても大事です。

日本社会でもよく知られているプロテスタント神学者カール・バルトは「神の言《ことば》の神学」で「神の名」ということを強調しました。この「神の名」と仏教（浄土真宗）における「名号《みょうごう》」が、よく、対比的に語られます。阿弥陀仏《あみだぶつ》の名前を呼ぶ、仏の名を称《とな》える、それが、また、仏の側からの用《はたら》きかけでもある、という、この「名号」の文脈と、神が自らの名を名のってくる啓示、それが、救済という事柄と一体的な事柄であるという文脈とが、そっくり同じではないのですけれども、非常に内容的に呼応している。そういうことがあるので、よく対比的にお話がなされます。

「主の祈り」の場面における登場人物はイエスと弟子たちです。双方ともに、皆、神に相《あい》対《たい》しているというか、神を前提として、神への関係の中にいます。そこで、イエスは語っている、弟子たちは黙って聞いています。イエスが、神の名前が高められるように、このように祈りなさい。神の名前が、真に神の名前に値するように、神からの呼びかけに答えなさい、そのように教えています。神の名が神の名前に相応《ふさわ》しいものになるように応答すること、それがキリスト教信仰における「祈り」というものでしょう。神様の存在がある。そして、神様は語りかけてくる神です、その神への応答の仕方をイエスは教えています。このようなイエスの教えを要としてキリスト教信仰が成り立っているのです。

旧約聖書の出エジプト記三章にある物語ですが、神はモーセに語りかけてきました。「我は、ありてあるものなり」、そのように神はモーセに自らの名前を語ります。あるいは、創世記では、神はアブラハムに語りかけてきました。アブラハムもモーセも、それまで何も知らなかった。神のことは何も知らなかった。でも、神が語りかけてきた。「私はおまえの神である」というふうに語りかけてきた。神の言《ことば》が語られた。その言葉にアブラハムもモーセも応えた。語られてきた言葉を受けとめて、そこに自分の人生、今ふうに言えば、生き甲斐というものを、自身の人生を見いだしていった。それが、神の名を神の名として受けとめる信仰の行為である、と、このように理解することができると思います。

二河白道

さて、それで、「二河白道」のお話ですが、お渡しした資料に、『浄土真宗聖典（註釈版）』の註の部分をコピーしてあります（一五二五〜一五二六頁）。それを読みますので、どのような話であるか、思い浮かべてください。

二河白道、貪瞋《とんじん》二河の譬喩ともいう。浄土往生を願う衆生《しゅじょう》が、信を得て浄土に至るまでを譬喩によって表したもの。善導大師《ぜんどうだいし》の「散善義」に説かれる。

次からがその内容です。

ある人が西に向かって独り進んで行くと、無人の原野に忽然として水火の二河に出会う。火の河は南に、水の河は北に、河の幅はそれぞれわずかに百歩ほどであるが、深くて底なく、また南北に辺はない。ただ中間に一筋の白道《びゃくどう》があるばかりだが、幅四五寸で水火が常に押し寄せている。そこへ後方・南北より群賊悪獣《ぐんぞくあくじゅう》が殺そうと迫ってくる。このように往《ゆ》くも還《かえ》るも止《とど》まるも死を免れえない、ひとつとして死を免れえない。しかし思い切って白道を進んで行こうと思った時、東の岸より「この道をたづねて行け」と勧める声（発遣《はっけん》）が、また西の岸より「直《ただ》ちに来れ、我よく汝《なんじ》を護《まも》らん」と呼ぶ声（招喚《しょうかん》）がする。東岸の群賊たちは危険だから戻れと誘うが顧みず、一心に疑いなく進むと西岸に到達し、諸難を離れ善友と相見《まみ》えることができたという。火の河は衆生の瞋憎《しんぞう》、水の河は貪愛《とんない》、無人の原野は真の善知識《ぜんちしき》に遇《あ》わないことを、群賊は別解《べつげ》・別行《べつぎょう》・異学《いがく》・異見《いけん》の人、悪獣は衆生の六識・六根・五蘊《うん》・四大に喩《たと》える。また白道は浄土往生を願う清浄の信心、また本願力をあらわす。東岸の声は娑婆《しゃば》世界における釈尊の発遣の教法、西岸の声は浄土の阿弥陀仏の本願の招喚に喩える。

このような説明がなされています。少しばかり堅い表現ではありますが、おおよそのことはわかってもらえると思います。ここで、細かく説明するわけではありませんが、次の絵（左のページ）を見てください。

この絵は、堀川通りの西本願寺真向かいあたりのお店で求めたものです。もともと、東

二河白道図

京のあるお寺に伝わっているものらしいのですが、昔から市販されているそうです。

火の河、水の河があります。その間、絵の真ん中に白い細い道があります。そして、向こう岸に阿弥陀様が立っていて呼んでおられる。右の方、こちら側の岸の方にはお釈迦様が進んで行けと勧めておられる。このような譬喩を中国の善導大師《ぜんどうだいし》が説かれたのですが、その譬喩をわかりやすくするために昔から絵に表されています。右上に文字がたくさん書かれていますが、それは、善導大師の言葉です。

ともかくも、火の河、水の河にぶつかって進むことができない。進むことも退くことも留まっていることもできないという、そういうたいへんな極限状況に追いつめられている。しかし、まさに、自身が極限状況にあるということが見極められたといいますか、自覚されたときに、東の岸から声が聞こえてきた、西の岸から声が聞こえてきた、そのような物語になっています。

東の岸からの声はお釈迦様が「大丈夫だから行きなさい」と勧めてくださっている。西の岸からの声は阿弥陀様が「だいじょうぶ、渡ってきなさい」と呼んでいてくださる。お釈迦様の勧め、阿弥陀様の呼び声をしっかりと受けとめる。それをしっかりと自分のものにした姿、それがお念仏を慶《よろこ》ぶ姿に他ならない。このように、昔から教えられ、説かれてきています。このような理解に対して、私が何か申し上げるということではありません。それは、その通りだと思います。

ただ、今日、ここでは、今まであまり注目されていなかったような角度からのコメントというか見方を少しばかり、お話したいと思って来ました。

絶体絶命の状況にあって恐れおののいているそのときに、というところの次です。

……時にあたりて惶怖《こうふ》することまたいふべからず。すなはちみづから思念《しねん》すらく、〈われいま回《かえ》らばまた死せん、住《とど》まらばまた死せん、去《ゆ》かばまた死せん。一種《いっしゅ》として死を勉《まぬか》れざれば、われ寧《やす》くこの道を尋《たず》ねて前《さき》に向かひて去《ゆ》かん。すでにこの道《みち》あり、かならず可度《かど》すべし〉と。この念《ねん》をなすとき、東の岸にたちまちに人《ひと》の勧《すす》むる声を聞く、〈きみただ決定《けつじょう》してこの道《みち》を尋《たず》ねて行《ゆ》け。かならず死の難《なん》なけん。もし住《とど》まらばすなはち死せん〉と。また西の岸の上に、人ありて喚《よ》ばひていはく、〈なんぢ一心《いっしん》に正念《しょうねん》にしてただちに来《きた》れ、われよくなんぢを護《まも》らん。すべて水火《すいか》の難《なん》に堕《だ》せんことを畏《おそ》れざれ〉と。

（『註釈版』二二四頁）

このように、行くも帰るも止《とど》まるも死を免れ得ないとわかったときに、「すなはちみづから思念すらく」とあります。そして、「この念をなすとき、東の岸にたちまちに人の勧むる声を聞く……また西の岸の上に、人ありて喚ばひていはく……」となっています。

前には火の河、水の河、後ろからはさまざまなものが迫ってくる、絶体絶命の状況です。そこで、そのような現実をしっかりと見つめる、現実から逃げない。現実を直視するという「思念」のときに、東の岸、西の岸からの声が聞こえてくる、ということです。

「主の祈り」のキリスト教の文脈を思い出してください。イスラエルの宗教における神は「我はありてあるものなり」とモーセに語りかけてくる神です。アブラハムに対する語りかけも同じです。最初に神が語りかけてきます。アブラハムもモーセも何かを求めたり願ったりしたわけではありません。何も知らないときに、というか、突然、現れてきます、語りかけてきます。啓示の神というのは、そのような神なのですが、イエスは、そのような神の呼びかけ、はたらきかけを正しく真に受けとめなさい、そのように教えているわけです。

ところが、二河白道の物語では、最初に仏様の話がでてくるわけではありません。最初に仏様の声が聞こえてくるのではありません。自分自身の絶体絶命の状況、極限の姿がそこにある、それを自身が見極めるとき、現実をしっかりと見つめるとき、そのときに、仏様の声が聞こえてくるということです。

このような物語の構成は、実は、たいへん重要なことだと思います。仏教の文脈では、最初に仏様が語り出すのではありません。アブラハムやモーセが何も知らないときに、ヤハウェの神が語ってきたのとは違います。仏様は、語りかけておられる、ということはいえるのでしょうが、それだけでは、人間の側、衆生《しゅじょう》、凡夫《ぼんぶ》がわかる仕方では聞こえてこないのです。むしろ、迷っている者が迷いの姿をとことん見つめる、現実を直視する、そのようなときに、実は、仏様の声が聞こえてくるのです。

お念仏をいただく

迷いの姿を見つめることと、東の岸からの声、西の岸からの声が、いわば、同時なんでしょう。自分が現実を見つめる、よく見つめたから、彼方《かなた》からの声が聞こえてきた、のではないでしょう。また、彼方からの声が聞こえてきたから現実がよく見えるようになった、のではないでしょう。現実を見つめることと、お釈迦様の勧め、阿弥陀様の呼びかけ、それらが、いわば、同時に呼応している、それがお念仏をいただくということ、教えに出会うということなのだろうと思います。

私が現実を見極めるということと、仏様の声が聞こえるということ、あるいは、逆に、仏様の声が聞こえるということと、私が現実を見つめるということ、これは、言葉で説明しようとすると一度には言えないから、どちらかを先に言わなければなりませんが、事柄、事態としては、呼応する一つの事柄なのだと思います。

私が称《とな》えるお念仏、南無阿弥陀仏と阿弥陀様の名を称える、仏様が仏様の用《はたら》きとして現れてくださる、それは、一つということではないのでしょうが、相即《そうそく》している。私の側からの方向性と仏様からの方向性が相互に相即しているという関係です。

自分自身が進退窮まった状況にあるとの見極めと仏からの勧める声、呼びかけの声、このような物語は、イエスの勧めの物語の構造とは違います。宗教学的には、キリスト教も宗教、仏教も宗教なんですが、両者の物語構成をなしている論理は根本的に違う。どちらが良いというわけではないのでしょうが……。

ともかくも、お念仏の教えが語られるところにある相即的な事柄、相即的な方向性がそここにあるということを、この二河白道の物語は、よく教えてくれているのではないでしょうか。

お釈迦様の勧めによってお念仏をいただく。ちょうど、顕真館の前にお釈迦様の説法の姿が描かれています。お釈迦様が勧めていてくださる。お釈迦様の勧めと阿弥陀様の呼び声というものは、実は、一つに出会っていることなんだ、二河白道の物語は、そのようなことを教えているのでしょう。

このようなことで、「二河白道」の旅人が「思念する」というところに着目して味わってみると、キリスト教の「主も祈り」の文脈とは違った形のお念仏の姿、宗教の形があります。「祈りと願い――イエスの勧め、釈尊の勧め」という、この上もなく大きな題を掲げてしまって恐縮なのですが、「主の祈り」と「二河白道の譬喩」のお話を相互に味わってみることができるのではないか、そのような趣旨でお話をさせていただきました。

二河白道の譬喩――妙好人の風景

人中の妙好人

「二河白道の譬喩《ひゆ》」というのをご存じだと思います。善導大師が浄土往生を願う者のために説かれた譬喩です。

西に向かって独り進んで行く旅人が、無人の原野で、「火の河、水の河」に出会い、進めなくなります。火の河・水の河の中間に一筋の白《びゃく》道《どう》があるが進めそうにありません。困っていると、後方・南北より群賊悪獣《ぐんぞくあくじゅう》が害そうと迫ってきます。進んでも退いても、また、とどまっても死を免れないと覚悟をし、思い切って白道を進もうとしました。すると、東の岸から「進んで行きなさい、大丈夫です」と勧める声が聞こえてきました。また、西の岸より「すぐに来なさい、護《まも》ってあげます」と呼ぶ声が聞こえてきました。後方からの〈危険だから戻りなさい、私たちは何も害そうとしているのではありません〉という誘いをも振り切って、旅人は一心に疑いなく進んで、無事、西岸に到達することができた、という物語です。

東岸からの声は、釈尊の勧め（発遣《はっけん》）、西岸からの声は阿弥陀仏の呼び声（招喚《しょうかん》）と説かれます。また、善導大師は、釈尊の勧め、弥陀の呼び声にしたがって白道を歩む旅人、つまり、お念仏に生きる人を、「人中《にんちゅう》の妙好人《みょうこうにん》」と名づけておられます。

仏教と「啓示の宗教」

私が、「二河白道の譬喩」に関心を持つようになったきっかけは、「仏教とキリスト教の対話」の場で、仏教・浄土真宗の教えの特徴を語る機会が与えられたときでした。

キリスト教（やユダヤ教、イスラム）という「啓示《けいじ》の宗教」（〈啓示の神〉への信を語る宗教）と比して、仏教（特に、浄土門の教え）の特徴は何か、を語らなければならないときに、この「二河白道の譬喩」における「釈迦の発遣、弥陀の招喚」の特徴に着目しました。つまり、「啓示の宗教」における〈神の言葉〉と浄土仏教における〈仏さまの言葉〉の現れてくる場面状況の違いについてです。アブラハムやモーセへの啓示は、いわば、神が自ら語りかけてきます。〈神が語りかける〉ところから話が始まります。それに対して、「二河白道の譬喩」で仏さまの声が〈聞こえてくる〉のは、旅人（衆生《しゅじょう》）が自身の絶体絶命の状況を直視したときです。

この違いは、キリスト教（などの「啓示の宗教」）と仏教（浄土門の教えも基本的に「覚《かく》の宗教」）との間における根本的な違いではないか、そのように思いました。そして、このことは、現代の〈宗教多元状況〉——宗教の〈混迷状況〉かもしれません——において、仏教の立場から積極的に発言できるものではないか、と思いました。さらに、仏教のなかでも浄土門の立場の特徴・独自性（その前提となっている末法《まっぽう》観の意義等）について、積極的に語るきっかけが「二河白道の譬喩」にあるのではないか、とも思っています。

最近は、二河白道図や地獄絵図のような絵画的表現による説法に会う機会が少ないかもしれませんが、〈妙好人の風景〉の原点ともいうべき「二河白道の譬喩」を味わわせていただきたいものです。

やはり、「しょうしんげ」です——「一冊の書」と人生

『出家とその弟子』の親鸞

私にとっての「一冊の書」は何だろうか。困りながらも、振り返ってみると、高校生のときに読んだ倉田百三の『愛と認識との出発』『出家とその弟子』が想い出された。そうだ、国語担当の福島笑子先生が熱を込めて話してくださったのがきっかけだった。懐かしいこともあり、四十年ぶりに読み返してみた。えっ？　こんな内容だったかな？　私が心に抱いてきたものとまったく違う。当時の印象とうまくかみ合わないが、高二のとき、それまでの理系志望を文系コースへ変えるきっかけになったものだから、何かを読み取ったのは確かだろう。

哲学・形而上学への憧憬《しょうけい》を育《はぐく》んでくれた『愛と認識との出発』は、ともかくも、『出家とその弟子』には驚きもし、また、同時に、〈そうか、親鸞はこのようなひとだったのか〉と納得した。

田舎の真宗寺院の長男で、祖父母・両親・檀家の人びとから跡継《あとつ》ぎとして育てられた者にとって、〈しんらんさま〉のお話をきき、また、〈しょうしんげ〉をお勤めするのは、自然な日課でもあった。

ただ、中学、高校生になってくると、村のお寺の生活での〈しんらんさま〉と、学校で学び書物を通して知るようになる〈宗教・仏教・真宗（釈迦・親鸞等々）〉との違い（それぞれのつながりのなさ）にひそかに苦しむようになっていた。そのような私にとって、『出家とその弟子』が描く〈親鸞〉は、〈身近な人であり、悩む人〉であった。とても納得して、〈親鸞は云々のことをし、言ったのだよ〉などと祖母に話したときに、「親鸞さまのことを呼び捨てにするなんて、なんというもったいないことを。学校での勉強かもしれないが、そんなこととしてはダメだよ」と叱られたことがある。

いつしか、大学の哲学科で〈宗教・学〉を学ぶようになってからも、やはり、生活の中で触れている宗教仏教（〈因習〉でありつつも、体が覚えていて安心しているもの）と、知的に学んでいく仏教真宗の教えとの間の溝は埋まらないままであった。清沢満之《きよざわまんし》が、『歎異抄《たんにしょう》』『阿含経《あごんきょう》』『エピクテタスの語録』を自身にとっての三部経としたことになぞらえて、ひそかに、『ソクラテスの弁明』『方法序説』『歎異抄』を組み合わせたりもしていた。

ありがたい本

本堂・檀家での報恩講をはじめ、いろんなときにお勤めする〈しょうしんげ〉は、実は、〈しんらんさまと一緒にお勤めしているもの〉、しかも、〈しんらんさま〉が〈おしゃかさま〉の教えについて〈てんじんぼさつ〉や〈どんらんだいし〉〈ほうねんさま〉にお尋ねしながら、「帰命無量寿如来《きみょうむりょうじゅにょらい》……唯可信斯高僧説《ゆいかしんしこうそうせつ》」とくり返し勤めておられるもの、それはご自身に語っておられるのと同時にこの私に諭《さと》してくださっているものでもある。そのように受けとめるようになってからは、その親鸞さまのすがた（そこで語られる言葉）を「一冊の書」と理解してもかまわないのだと思うようになった。そうすると、幼い頃から、（意味もわからないままに）お勤めしていた〈しょうしんげ〉は、私が出会っている大切な「一冊の書」ではないかと思うようになった。

（写真の）『勤行《ごんぎょう》要集《ようしゅう》』は、私にとっては、〈しょうしんげをあげる〉ときの〈おきょう（経）の本〉だった。〈高田信行［父の兄で戦死］編纂〉で、本山（錦織寺）遍照学寮で学んでいたときの作成と聞いている。（自坊）西蓮寺用だけの手作り本だったのかもしれないが、私にとっては、幼い頃からの〈たいせつな、ありがたい本〉だった。

『勤行要集』高田信行編纂
西蓮寺発行（昭和12年）

Ⅱ

木部本山錦織寺（真宗木辺派本山）

宗教に学ぶ

宗教学の名称

「宗教に学ぶ」という題にさせていただきました。法話の題としては、ごく穏当な普通の題のように一般的には受け取られるだろうと思いますが、「宗教に学ぶ」という表現は、実は、私が担当しております「宗教学」という科目の名称を少しばかり工夫してみたものです。

「宗教学」という三つの漢字のまとまりを、もっと他に、たとえば、「宗教の学」とか、あるいは、「宗教への学」、「宗教を学ぶ」というような形にすることもできると思います。そのようにしますと、実は通常「宗教学」という名称の下で理解されている学問的な事柄からは少し意味が広がりまして、ごく一般的な表現になってしまいます。ここでは学問的な狭い意味の「宗教学」だけではなく、一般的表現の意味にもひっかけたような理解の仕方で「宗教に学ぶ」ということを考えてみたいと思っております。

毎年、「宗教学」の時間のはじめに説明することですが、「宗教学」という日本語と、それに相当するドイツ語の名称、英語の名称というものは、少しニュアンスが違っています。いわゆる「宗教学」が生まれてきたのは、キリスト教的世界としてのヨーロッパにおいてでした。キリスト教以外の宗教を研究するという関心は、一つには、キリスト教というものを一番高いところに位置づけるといいますか、最後にはこのような価値のあるところまで到達するんだということを、いわば根拠づけるためでもあったでしょうし、あるいは、また、単なる好奇心からでもあったのかと思いますが、いろんな意床でキリスト教以外の宗教を研究するということが本格化してきました。

それから、また、哲学というものが神学の世界から独立したとよくいわれますが、それと同じような意味で、神学の立場からも自由になり、また、哲学の立場、宗教に関しては、特に宗教哲学といわれますが、その宗教哲学の立場からも自由になったところで、宗教という事柄を人間の事柄として、言い換えれば、信仰の事柄としてみることとは別の観点から、人間の営みとしての宗教を考察する宗教学というものが誕生してきました。それは、たとえば社会学であるとか、心理学であるとか、経済学であるといったような学が次々に生まれてきましたが、それと同じような意味においてであります。ドイツ語では Religionswissenschaft という表現で登場してきたわけです。

そして、マックス・ミュラーという皆さんもよくご存知の学者の Introduction to the science of religion（『宗教学入門』）という書物が一八九三年に出ました。それがドイツ語 Religionswissenschaft の英訳としての science of religion という言葉の最初の登場だというふうに、一般には説明されています。

science of religion、すなわち、religion に関する science という表現であるわけですが、英語の science という言葉は一般に宗教という事柄に馴《な》じまないのか、あまり science of religion という言葉は使われず、比較宗教（学）と訳される comparative religion という表現が使われたりします。しかし、この言葉もそれほど一般化することなしに、むしろ、history of religions（宗教史・宗教学）という言葉でドイツ語の Religionswissenschaft という言葉の内容が理解されるということになっています。ただ、それぞれの言葉の固有の意味連関というものが背後にありますから、Religionswissenschaft というドイツ語で理解されている事柄と、History of religions という英語で理解されている事柄、日本語で「宗教学」という言葉で理解されている事柄とが、必ずしもまったく同じものというわけではないのです。

宗教理解の三つの立場

ところでこのような「宗教学」の名称の由来にも関連しますが、宗教という事柄に関わる学は大きく分けて三つの立場が考えられます。

まず第一には、今話しました狭い意味での「宗教学」即ち、経験科学の立場のものです。経済事象とか政治活動とかという人間の営み、文化現象をいわゆる社会科学的に考案する、そういう立場が確立されていますが、それと同じような意床で、宗教という文化現象を考案するという科学の立場の研究というものです。

第二には、広く、哲学的な理性に基づくものです。その場合、理性という概念によって、必ずしもギリシア哲学におけるロゴスというような意味だけではなしに、また、近代ヨーロッパの哲学におけるような理性という意味だけではなしに、広くさまざまな宗教の営みも含めて考えられるような、そういう理性一般というものを想定して、このような広い意味での理性の立場から宗教という事柄を理解しようとする立場です。

第三のものとしては、それぞれの固有の伝統的な信仰の流れの立場に立ち、そして、そこにおける固有の概念というものを、異なる文化的伝統における言葉に置き換えることなしに、どこまでも固有の信仰体験を追思索していこうとするものです。宗教に関わる学というものは、このように三つに分けられるだろうと思われますが、そのようなことを学年のはじめに「宗教学」というものの位置づけの説明として話しています。

このような説明を順番にしていきますと、「宗教学」の講義の時間と何も変わらなくなってしまいますので、それらの、科学的、哲学的、信仰的ともいえるような宗教に関わる学の三つの方向というものに少し引っかけまして、私自身の宗教への関わり方を三つに分けてみようと思います。

一つ目は信仰の伝統との関わりです。皆さんの少なからぬ方々がそうであるだろうと思いますが、私自身も浄土真宗の小さな寺の長男として生まれて、小さい頃からごく自然に仏様にお参りをする習慣というものをつけてもらってきました。また、折りにふれて、真宗の教えの概念といいますか、独特の表現というものも耳にして育てられてきております。

そういう真宗の、特に真宗といわなくてもいいのかもしれませんが、念仏の教えの流れの中に育ち、そして現在もその中で生活させてもらっているという、そういう立場というものが一つあります。

それからもう一つは、科学的立場との関係です。現在の教育といいますか、科学的知識に基づく公教育というような近代的な教育の理念のもとにおける普通の教育の中では、宗教というものは必ずしも前面に出てきているわけではありません。むしろ政教分離というような一つの原則があります。宗教というものを公《おおやけ》の場に持ち出さないようにする。個人的な事柄としては大いに、どのような信仰をもってもかまわないし、どのような人に、どのように説いてもかまわないけれども、公の立場、特に公教育《こうきょういく》の場では、特定の宗教の立場からの教育というものは普通なされない。このことを別に政治的な脈絡でいうわけではないのですが、現代における、いわゆる近代的なものの考え方というものの中で、宗教というものがあまり前面に出てきていないという、そういう状況があろうかと思います。

漠然としたものですが、一般的な教育の雰囲気の中で、はたして自分が育った宗教というものの意味はどういうものなんだろうかということを、絶えずひそかに考え続けさせられました。

それからもう一つは、哲学への憧《あこが》れでした。憧れというと聞こえはいいのですが、世襲的風土への抵抗感とお念仏の教えへの信頼感のようなものを「哲学」というものがなんとなく結びつけ、問題を解決してくれるのではないかという漠然とした期待をひそかにもっていたわけです。その意味では自分にとってごく自然な成行きであったわけですが、ヨーロッパの哲学というものに関心をもち、特にギリシアの哲学的な考え方であるとか、あるいは近代の哲学の考え方というものをもとにして、宗教というものを考えてみたいと思いました。それでそのような考え方を、ごく僅かですが学んできたという、そういう歩みがあります。

大きく分けてこのような三つを、自分なりにいつも整理しています。それらを広い意味における宗教に関わる学のあり方と結びつけてみますと、まず、信仰の立場の学に相当するところの、伝統的な真宗の世界、あるいはその念仏に生きるという立場というものが一つあろうかと思います。それから、仏教というものも、仏教の歴史というものも、近代的な歴史観によって説明がなされています。すなわち、宗教学、宗教史学の立場の学に他なりません。

科学が歴史に適用されるようになった十九世紀のヨーロッパにおいて、歴史的なイエスがどうであったのか、あるいはキリスト教の歴史はどういうものであるのか、また、宗教はそもそもどのようにして生まれてきたものであるか、というような議論が盛んになりました。

宗教というものに対する否定的な考え方との緊張関係の中で、宗教を歴史的に跡づける考え方が確立されてきましたが、仏教に対しても、やはりそのような考え方が、ごく自然に適用されてきたわけです。仏教の歴史として私たちが普通理解している内容は、いわゆる学問的——学問的というのは近代的な学の理念に基づくということですが——そういう意味の学的な観点からのものであるわけです。

第三には、いわゆる哲学的な立場があります。実存哲学の概念がよく使われます。広く一般に、人間に、いわば普遍的なある次元としての実存的なあり方、宗教的実存とよくいわれる、そういうレベルで、たとえば『歎異抄』の世界というものを理解し、解釈するような議論です。

また、第二、第三の立場が錯綜しているのでしょうが、宗教に対する否定的な世界観、端的に宗教というものを何かに解消する考え方があります。たとえば宗教は人間の心理的な出来事である。あるいはさらに、その心理というものも、生理的なある事柄が心理的な事柄として現れているんだというような形で説明したり、あるいは社会的存在の意志といったようなもので宗教を説明するものです。このような説明は一言でいえば、宗教を科学的な何らかの実在というものに解消してしまうような考え方に他なりません。

私自身はこのようなさまざまな考え方、世界観の中で揺れ動くといいますか、あっちの考え方に耳を傾けてみたり、こっちの考え方に耳を傾けてみたりというようなありさまで、どこに自分自身の最終的な位置づけというものがあるのか、なかなか見出せないまま毎日の生活を送っております。

ヨーロッパのキリスト教

あまり人生経験というようなことで、人さまにお話しできるようなものはないわけですが、少しばかり、大学入学の頃を思い出してみます。今年大学に入られた人たちは、昭和四十年ないし四十一年の生まれだと聞いておりますが、ちょうどその頃に、私自身は大学に入りました。大学に入るずっと前の思い出として、覚えている限りでは小学校の中頃以後ですが、特に祖母が私を連れて、（これは教育の意味もあったんでしょうが）いわゆる月参りに、毎日二、三軒ずつ回っていました。小学校の頃はそれほど素直な子どもではなかったのですが、しかしまた素直にその環境というものを受け入れていたと思います。

中学校、高校に上がるにしたがって、先ほど言いましたような、伝統的な生活形態の中で、人びとが、必ずしも直接は意識していないかもしれないが、従っているというような理念とは違う理念というものに大きな影響を受けるといいますか、大きく規定され、むしろ、小さい頃の経験というものが、いったいどうしてそうなんだろうかという疑問ばかりが大きくなってきていました。そのような疑問をひそかに抱きながら大学に入り、哲学というか宗教学というものを学ぶ学生生活を送っておりました。

幼い頃の経験と大学に入ってからの経験とをつなぐというか、自分なりに少しばかり整理をすることができるようになった契機は、ヨーロッパへの留学でした。二十代の後半に、大学院を修了して、二年間スイスのバーゼルに滞在する機会を得ました。ヨーロッパに対するごく普通のあこがれもありましたし、また自分が学んでいる、必ずしも哲学だけではない、宗教学や諸々の近代的な考え方の源《みなもと》というもの、あるいはヨーロッパというものを見てみたいという、そういう関心が強くあったから、そのような機会を与えられるようになったのだと思います。

二年間、家を離れ、また同時に日本を離れて生活をしました。バーゼルでの滞在中、大学の学期があるときはおとなしく教室に座り、あるいは自分の部屋で本を読んでいましたけれども、休みになりますと、この時しか旅行する時がないというような一種の強迫観念に取りつかれまして、ヨーロッパのいろんな所を旅行して回りました。

旅の間、絶えず考えていたことは、お念仏の教えの中で非常によく聞く、たとえば自力と他力の概念であるとか、あるいは煩悩具足《ぼんのうぐそく》の凡夫《ぼんぶ》というような表現、あるいは末法五濁《まっぽうごじょく》の世というような時代理解、あるいは人間理解という、そういうものが、はたして今、まったく環境が違うヨーロッパにおいて、いったいどういうことを意味するんだろうか、お念仏の教えの中で聞いてきたような言葉の意味が、いったい、どうなんだろうかということでした。旅行をしている間中、いつもそういう宗教的な概念の問題と結びつけて考えていたのではありませんけれども、知らず識らずに、異なる宗教の世界の存在が関心事になっていたわけです。

ヨーロッパの国々で、たとえばキリスト教のカトリックの世界というものをよく見る、また、経験することができたと、私自身は思いました。日本でヨーロッパの哲学を学ぶ過程で、それは私自身にとってだけのことかもしれませんが、ごく自然に耳に入ってくる哲学の議論あるいはキリスト教神学の議論というものは、どちらかというと主としてプロテスタント系の世界のものであったわけです。特にドイツ観念論哲学というものは、ドイツのプロテスタント系の雰囲気と非常に結びついている面があるだろうと思いますが、カトリックの世界というものを、もう一つ、よく実在感をもって捉えることができなかったのです。ところが、他方で、カトリックの世界というものが非常に大きいということがわかりました。

イスラムとインド

また、ヨーロッパからの帰りに、――旅行の話が目的ではないのですが――エジプトやスーダンという所、これは個人的な関係で行くことができたのですが、イスラムの世界、エジプトやスーダンの、気候も違い生活環境も違いますが、イスラムの信仰というものが、現に今、生きている、存在しているような世界の中に立ってみて、はたしてお念仏とは何だろうかと自問したりしていたわけです。

ちょうどヨーロッパのキリスト教的世界の中でひそかにもっていた、お念仏の教えというものはいったいどういうものなのだろうかという思いが、イスラムの世界で、また、新たな問いになっていたのです。ヨーロッパの人びとにとってイスラムというものはそれなりに知られていますし、また、イスラムの人びとにとって、キリスト教というものも、ある面でよく知られているわけです。相互には歴史的にもいろんな議論があるわけですが、他方で、お念仏の教えというもの、あるいは仏教の教えというものは、はたしてここイスラム的世界で、どのようにしたら、お互いに通じ合う言葉で話をすることができるんだろうか、というようなことを考えたりしておりました。

また、アラブの世界だけがイスラムの世界ではもちろんありません。ヨーロッパでは、たとえばスペインの、よく観光写真等にも出てきますが、アルハンブラ宮殿のあるアンダルシア地方は、イスラムの影響といいますか、イスラム的な雰囲気が存在している所ですが、そういう所を訪ねたときは、イスラムの人たちとキリスト教の人たちとの交流の歴史を思ったりしながら、絶えずそれが仏教の世界とどういうふうに結びつくのだろうかと、そういう問いかけを自分にしておりました。

ヨーロッパからの帰りには、たぶんこの機会しかないだろうということで、三週間余りですが、インドにもリュックを背負って貧乏旅行をしました。インドでは、仏跡のあるあたりを中心に旅行したのですが、そこでは仏教的な雰囲気というものは、むしろ遺跡としてのみあるわけです。

いわゆるヒンズー教の世界、あるいはインド的な世界（インドにはイスラムの教えに属する人びとが非常にたくさんおられますが）、イスラムの世界とヒンズー的な世界というものが入り混じっているような、そういう所で、仏教の教えというものがどうして消えてしまったんだろうか（消えたという言い方はおかしいかもしれませんが、インドは普通の意味での仏教の世界ではもはやなくなっているわけです）、どうして仏教というものはこのようになってしまったんだろうか、というようなことを考えさせられたりしました。

また、タイのバンコックにも数日滞在しました。そこは確かに仏教の国であるわけですが、自分が住んでいるような日本の仏教の世界ではありません。日本の仏教世界は日本独特の、昔からの、いわゆる日本的な神々との複雑な関係の中にある仏教的な世界であるわけですから、タイのような仏教国での仏教の世界とは非常に違います。そういうところでも、また、はたして、お念仏の教えというものはいったいどうなんだろうかというようなことを絶えず考え続けていました。

外の世界から宗教を見る

このような旅行の経験というものは、好奇心にまかせて、いろんな所を動き回っただけにすぎないということでもありますが、宗教学あるいは宗教哲学というような分野の議論に少しばかり馴染《なじ》んできますと、そのような外の世界というものが非常に重要な意味をもっていると思わされます。一度外の世界に自分を置いて考えてみるということが、単に自分を再発見するというためだけのものではなくて、むしろ、それ以上に現代において宗教が直面している問題を考えることに、大切な意味をもっているのではないかと思います。

宗教というものが現代において必ずしも衰退しているとはいえない面も確かにあるのでしょうが、近代的なものの考え方における宗教の理解と、伝統的な宗教のあり方とはそぐわなくなってきている面があると思います。そういう現実を、いろんな世界に身を置くことによって、考えていくことができるのではないかと思います。そうすることが自分の生まれ育った世界に対する理解をさらに深め、また、まったく違う世界の中での発言というものに対する理解をも併せてもつことができるようになるのではなかろうかと思っております。

お念仏の教えというものが表現されてきた伝統的な概念、あるいは経緯を、他の世界の言葉で置き換えて説明する必要、あるいはそうしなければならない必然性は必ずしもないと思います。しかし、お念仏の教えの表現もまた、時代的な産物といいますか、一〇〇パーセントの存在の権利をもちながらも、それ自身が歴史的な、単に科学的なものの見方からの歴史という意味だけではなしに、信仰の立場からみた歴史というものをも含めて、また哲学の立場からの歴史の理解というものも含めて、独特の、しかも、ある限定された特定のあり方の中で表されてきた、そういうものであるのではないかとも思います。そういう見方をすることが、現代においては大切なのではないかと思っております。

宗教という事柄にいろんな意味で関わる、いろんな意味というのは、先ほど申しましたような学問的には三つの方向というものを考えているのですが、いろんな意味から宗教という事柄を理解する。そしてまた、自分自身の生き方に、どこかで結びつくのではないだろうかという期待をもって宗教というものに関わっていく、そういうものが、これはかなり独断的な表現ですが、広い意味での宗教学ではなかろうかと、ひそかに思っています。

そういう意味で、宗教に学ぶということが、自分にとってはただ単に他の宗教を好奇心によって理解していくということだけではない、しかし、また、他の宗教を知ることが、自分の宗教（自分の宗教という言い方はおかしいかもしれませんが）、自分の属している宗教を説明し理解する際に、ストレートにもってくる必要はないわけですが、いつかはどこかで、何らかの結びつきが見いだされるのではないかという、そういう期待をもつことは、非常に意義あることではなかろうかと思っています。

お念仏の教えというものに育てられ、現在もまた、多くの力を陰に陽に与えられていますが、そういうあり方と、宗教学という名称のもとでの議論に携わっている自分とを、どこかで絶えず結びつけなければならない、あるいは結びつくといいのにということを思いながら、毎日の生活を送っています。

「宗教に学ぶ」という表現でもって、勝手な読み込み、思い込みという面はあるかと思いますが、「宗教に学ぶ」というような表現に、いろんな意味を込めて、関心をもっている一人の人間がいるということを知っていただければ、何らかの意味で参考になるのではないかと思います。

私にとっての宗教——仏教・真宗・哲学

真宗寺院に生まれて

「宗教、仏教、真宗、哲学」は私にとって最も基本的なキーワードである。それも、極めて素朴な低次元においてである。それぞれに学の字をつければ、いずれも偉大な学問の世界が存在する。しかし、「宗教、仏教……」は、私にとって、学問以前の日々の生活において、私を〈上から〉規定しつつも、また、同時に、常に導いてくれるものである。

大学の三回生で「宗教学専攻」となった(そのとき大学院の博士課程に西村恵信氏が在籍しておられ、折りにふれ、ご縁をいただくようになったのである)。そして、その後、「宗教学」という科目を担当するようになった現在まで、「宗教学」というキーワードが重くのしかかってきている。

宗教学は「宗教を研究する学問」に違いないが、学問のあり方として極めて多義的であることは周知の通りである。私が在籍したのは哲学科の中の宗教学で「宗教哲学」の流れに他ならないが、この「宗教哲学」というのも捉えにくいものである。真宗木辺派の小さな真宗寺院に生まれ育った私にとっては「宗教・真宗・仏教」は同義でもあったので、これらの語は、学問的な多義性に先だって、混然とした仕方で私を規定してくるようになったのである。

いつの頃からか、真宗的エートスのかすかな余韻のおかげ?で、村の〈普通の〉慣習とのギャップを感じていた。自身かならずしも「呪《のろ》われた宗門《しゅうもん》の子」（服部之総）と感じていたわけではないが、人並に〈世襲的慣習〉を重荷に感じてはいた。真宗（仏教・宗教）への素朴な信頼感を抱きつつも、〈よその寺を継ぎたい〉と言って（長男なので）周囲を困惑させたりしていた。そのような中で、日本社会での宗教・真宗を対自化する関心に自然に近づいていたようである。また、自ずと耳にしていたアミダさまやシンランさまオシャカさま像と、学校で学び知識としても入ってくる釈尊像や親鸞像との間にも漠としたズレを感じてもいたのである。

そして、生来の性格なのか、思春期の「自我の目覚め」に忠実すぎた結果なのか、よくわからないが、いつのまにか、「寺での生活? 宗教? 自己の確立? 仏教? 真宗?」という素朴な問いの延長線上で「哲学」に関心をもつようになっていた。「哲学」が何であるのかまったく知らないながらも、恋に恋するが如く、宗教の根本に哲学があるのか、哲学の究極に宗教があるのか、という類《たぐい》の問いをもち始めていた。ともかくも、哲学、知(智)の学は、自分の漠とした疑問に答を与えてくれるはずだという夢を抱いていったのである。そして、いつのまにか、気がついたら、「宗教・哲学・仏教・真宗」の間を巡り語ることを社会的にも選びとった結果になってしまったのである。

哲学と宗教の関係

縁あって、大学では〈哲学科宗教学専攻〉に入り、〈宗教哲学〉を学ぶ、という環境の中で、ともかくも、ヘーゲルやヤスパースの思想を学び始めた。宗教の問題を哲学の場において、また、哲学の立場から考える、というのは、実質的には、西洋哲学の諸先哲の思索を(通して)学ぶことである。

西洋思想の文脈と、私自身にとっての宗教（日本社会の文脈、仏教・真宗の文脈）の問題とのズレや違和感を感じながらも、社会的存在様式や歴史的文脈、思惟そのもののあり方全体を体系的に批判し、考察する思索に魅されていった。とりわけ「神」という概念を巡る思索に、自分ではうまく表現できないながらも引きつけられていった。日本社会の文化や仏教の文脈では積極的な連関では現れてこないような事柄が、常に対自的に思索されながら、しかも、容易には肯定的積極的には語られない、それどころか、むしろ、批判的・間接的・否定的表現でもって何かが積極的に語られているような印象をもっていた。

私にとっては、ともかくも、「宗教」について大胆に語り得る言葉や諸概念が魅力的であった。実定的 positive な事柄を超える理念のもつダイナミックな実在感に引きつけられたようである。

しかしながら、その中で、微《かす》かにではあっても、少しずつ疑問をもち始めたのは、哲学と宗教の関係のあり方に関してである。

哲学（者）が最も関心事としているのは、そこに厳然とした事実としてある事柄に対する批判であり、それを超えるような自由である。そのこと自体に直接抵抗を感じるのではないが、西洋思想の文脈の中で、哲学（者）にとって自明の如く前提されている事柄を、私自身にとっての前提としてよいのだろうか、という疑問を感じるようになっていた。

西洋思想の文脈の中での宗教の問題、あるいは信と知の問題は、主として、直接・間接的にギリシア的ロゴスに淵源する哲学的理性とキリスト教信仰（教会）の立場との関係の中で問われている事柄である。そして、哲学者の場合は、当然のことながら、キリスト教の立場に距離をおいて接しているが、そこでの前提に私自身も同意することに対して微かながら躊躇《ちゅうちょ》するようになっていったのである。哲学は確かに自由な思索であるが、私自身には、その「自由さ」も一種の疎遠 fremd なものに感じられることがあったのである。私自身は、もっと positive な事柄を積極的に引き受ける思索を求めているようにも感じていたのである。

宗教の神学

また、縁あって、スイス・バーゼル大学で学ぶ機会（七五年から七七年）を得たときに「宗教学と神学」という主題設定を巡る議論を耳にした。ごく自然に、素直に私の関心の中に入ってきたのであるが、今にして思えば、〈最新の〉二律背反を内に含んだ神学的主題設定だったのである。「宗教の神学」は一九六〇年代末頃から論じられるようになったものだからである。

「宗教学」と「神学」は基本的な立場が異なる。つまり、「宗教学」は複数の信仰形態が視野に入るような立場に立つものであり、「神学（教学）」は一つの信仰に基づいている。つまり、本質的に信仰がすでに選び取られているところで成立している。

「宗教学」Religionswissenschaft という学問は、キリスト教以外の諸宗教を研究するという限りで「神学」の補助的分野として始められた側面をもちながらも、「神学」の一分科であることを（また、哲学の一分科であることも）本質的に拒否するところから確立されてきた学問である。それにもかかわらず、「宗教学」の成果を踏まえる「神学」を求めるという二律背反的な関心が現れたのである。もっとも、それは、直接、教義学という狭義の神学をというのではなく、二十世紀における宗教を巡る状況が多元的 pluralism であることを直視して自らの信仰を弁証せんとする、広義の神学的営為として現れてきているものである。

十八、九世紀以来の啓蒙精神や諸科学（特に実証的な宗教研究）の展開の中で、西欧社会でのキリスト教は、宗教としての自己を認識する、つまり、諸宗教の一つとしてのキリスト教という自己理解を前提とするようになっていた。また、二十世紀における社会的な変動の中での「世俗化」や〈教会離れ〉、異宗教との新たな混在状況などを神学的な課題とするようになってきたのである。キリスト教会の長い歴史的展開における分裂・分派のあり方を踏まえながら、信仰の本来性へと還帰すべき運動としての「エクメーネ運動」の高揚と非キリスト教的宗教への関心とが連動するようになったところで「(諸)宗教の神学」が論じられるようになってきたのである。

真宗をどう理解するか

私にとっての現実性そのものである〈真宗的信仰(信心)の事態〉を説明してくれるような、ともかくも、自身で納得できる筋道を暗中模索しているところで、このような「宗教の神学」という主題設定の文脈は、非常に魅力的であった。キリスト教神学の議論をそのまま素直に受け入れることに対して、少なからぬ抵抗感をもったのも確かである。私自身はキリスト教的社会に生まれ育ったわけではなく、名目的にもキリスト教徒ではなく、仏教徒なのであるから。

しかしながら、確かに、キリスト教神学の議論は、キリスト教信仰を前提とし、それを弁証しようとする議論ではあるが、推論的にキリスト教信仰を帰結させ、そこへと人を導くための議論ではなく、キリスト教信仰を前提とする「自由な思索」だと自分なりの納得ができると、ギリシア的・近代的ロゴスを前提とする「自由な思索」よりも親近感を抱くことができる部分を発見するようになっていったのである。

今の私にとって、自らの関心事としての「宗教・仏教・真宗」の複合態は少しも透明になってこない。現代の日本社会における宗教生活と仏教の流れの中の真宗（の本来性）とはうまく結びついてはくれない。個々の限定した認識も得られないままであるが、〈真宗的信仰（信心）の事態〉の「見える」部分と「見えない」部分とに自分なりに少しでも納得できる筋道を求めたいとは思っている。

見える真宗・見えない真宗

ルックマンの『見えない宗教』

「見える真宗・見えない真宗」という表現は宗教社会学の分野でよく知られているトマス・ルックマンの『見えない宗教』を参考にしたものである。しかし、ルックマンの言う「見えない」（また、その脈絡での「見える」）というあり方をそのまま「真宗」に当てはめようとするわけではない。

とりあえず、ルックマンの言う「見えない」あり方の意味を少しばかり振り返りたい。そのことは、また、一九九一年という時代における「宗教」を巡る状況や雰囲気の変化について考えることでもある。そのような中から「真宗」の問題を考えてみたい。

私が大学へ入った一九六六年頃は〈宗教受難〉の雰囲気で、「宗教学？　珍しい学問ですね」というような調子であった。ところが、七〇年代頃から〈第三次宗教ブーム〉という現象も話題にされるようになり、〈宗教復権〉が語られ始めた。その後、九一年の現在まで書店の宗教コーナーは盛況そのもので、六〇年代後半とは趣がかなり異なっている。

〈世俗化〉論争

今から振り返ると、六〇年代は〈世俗化〉論争が賑やかだった頃である。〈世俗化〉論争は主として宗教社会学の分野で盛んになされたもので、議論の様相はそれほど簡単ではなさそうだが、要するに、「宗教は衰退しつつある」また、「宗教は不要になりつつある」という判断と、「いや、決してそうではない」という見方を人文・社会科学の立場から論じるものである。

「世俗化」secularization という用語の意味は種々あって、ヨーロッパ中世のキリスト教世界にまでさかのぼる。世俗世界と距離を保つ修道院から世俗社会である都市や村の教会へ聖職者が異動すること、財産が教会的権威から世俗社会である国家・一般市民の統制下へと譲渡されること等の意味から転じて、教育・科学・芸術などが教会の支配や監督から離れること、さらに、近・現代の社会的・文化的変動（〈宗教離れ〉等）を意味するようになってくる。

宗教衰退論・不要論という議論は近代科学の立場の確立以来のもので、宗教という事柄を巡る二つの相反する見方、即ち、本質肯定・擁護論と並ぶ一方の側のものである。特に、二十世紀には科学技術の進展によって高度な産業社会が出現し、急激な社会的・文化的変動が引き起こされてきた。主として欧米のキリスト教（文化）的社会に見いだされる現象を中心とした議論であるが、かなり以前から顕著になってきていた〈教会離れ〉の傾向は、〈宗教の衰退〉を示す、いわゆる「世俗化現象」つまり〈非宗教化〉に他ならないというのである。

一九六〇年代に盛んに論じられたが、一九七〇年代になると、少しばかり議論の流れが変わってくる。「世俗化」は、宗教の衰退を意味せず、個人と社会の関係の根本的な変化、即ち、「ラディカルに個人化された宗教性という宗教の新しい社会形態への変化」を意味するという観点からの議論が出されてきた。「世俗化」は、「脱教団化」ではあっても、本質的な意味での「非宗教化」ではない、とする見方である。

伝統的な教団を中心とした宗教のあり方への否定という点では、確かに、従来からの教会志向型の宗教の「衰退」ではある。しかし、宗教が個人化・内心倫理化され、「聖なるコスモス」の新たな表現形態が模索されているカオス的状況であるという限りでは、決して〈宗教の衰退〉ではなく、むしろ〈宗教の復権〉とでもいえるものである。このような観点からの議論を代表する一人がルックマンである。

一九六〇年代は、他方、伝統的な宗教（主としてキリスト教であるが）の立場において、宗教を巡る現代的状況の変化に対応する新しい姿勢がはっきりと出てきた象徴的な時代でもある。ローマ・カトリック教会の公会議が一九六二～六五年に開かれ、それまでの教会の姿勢が大きく転換された。

キリスト教世界の中での諸教会の存在、異なる諸宗教の存在、また、非宗教的世界観の存在という現代の多元的価値状況を認識するところから出発する神学が求められ、教会の活動にも大きな変化が見られるようになっていったのである。本来の「教会は一つ」という理念の下に歴史的に成立してきている諸々の教会の「合同」に向けての運動は、プロテスタント諸教会等を中心として二十世紀前半からなされていたが、それがより一層進展したのが六〇年代以降でもある。キリスト教以外の諸宗教との対話の姿勢も前面に出され、

「キリスト教も一つの宗教である」ことを視野に入れる神学が、種々試みられるようになったのである。

教会合同一致運動としての「エキュメニズム運動」、異なる信仰との対話を目指す「諸宗教の神学」、また、より一般的議論としての「宗教の神学」が論じられるようになった。つまり「宗教学」の成果を踏まえる「神学」が現れてきたのである。そもそも「宗教学」Religionswissenschaft という学問は、「神学」の一分科であることを、また、哲学の一分科であることも拒否するところから確立されてきた学問である。

一九七五～七七年にスイスのバーゼル大学に留学する機会を得たときに、「宗教学と神学」という主題設定を巡る議論を耳にした。ごく自然に、素直に私の関心の中に入ってきたのであるが、今にして思えば、〈最新の〉二律背反を内に含んだ主題設定だったのである。〈複数の信仰形態を考察する〉〈一つの信仰を選び取る〉という原理的な相違にもかかわらず、「宗教学」の成果を踏まえる「神学」が盛んになってきたのは、それだけ、宗教を巡る状況が深刻であることの証左でもあろう。

二つの真宗

ヨーロッパにおけるこのような事情は、日本社会における「真宗」にとっても無縁ではなさそうである。というのも「真宗」のキーワードは「親鸞のまねび」に尽きるだろうが、現在、「親鸞（理解）」と「真宗」という存在とは、必ずしも全面的には重なり合ってないように見受けられるからである。主観的・主体的な事柄として理解されることの多い「親鸞のまねび」と、客観的存在と理解される「真宗」との間にはかなりの差異が見いだされるのではないだろうか。「親鸞」「真宗」それぞれに対する各人の理解が種々並存していながら、それらが十分には総合されていないようである。

人によって「見えて」いる事柄が異なるのである。ある人にとっては、「見えている真宗」が「本来の真宗」であるが、別の人にとっては、「見えていない真宗」が「本来の真宗」であるという場合もある。たとえば、〈専ら冠婚葬祭に携わっている真宗は本来の真宗ではない〉という見方をしている人にとっては、「制度的宗教」として「見えている真宗」は「本来の真宗」ではなく、むしろ、〈私の歎異抄〉というあり方での「制度的宗教」

としては「見えていない真宗」、つまり、「個人的宗教」としての真宗こそが「本来の真宗」ということになる。もちろん、また、ある人にとっては、「制度的宗教」として「見えている真宗」こそが「本来の真宗」に他ならない、という場合も存在している。

日本社会における「真宗」を巡る状況について顕著なことは、伝統的な真宗教団の「外」において、あるいは、「外」を中心として、いわゆる「親鸞ブーム」「歎異抄ブーム」とでも呼び得るようなものが存在するということと、伝統的な真宗教団が、日本社会での特有の「イエの論理」によって成立し、維持されていることであろう。そして、この両者は無関係ではなさそうである。「イエの論理」と「信仰の論理」とが重なるところで伝統的な教団が成立していたと考えられるが、現在の状況では、既存の教団を成立させてきたこのような二重の論理が白日の下にさらされているのである。

「イエの論理」や「習俗」の基盤の上に成立・機能してる教団の枠組みの中に「念仏者の僧伽《さんが》」が存在している、というのが伝統的な真宗教団だといえるだろう。しかしながら、本来的な「念仏者の僧伽」は、むしろ、「イエの論理」や「習俗」によって成立している教団の「外」の方にこそ、より見えやすい形で求められ得ると考える人びとが少なくないという事実が、現在における最大の問題ではないだろうか。

既存の「真宗教団」の円の「内」に存在している「念仏者の僧伽」を最大の関心事としている人びとにとっては、「外」の諸問題は二次的なものと思われるであろう。しかしながら、既存の教団の「外」にはみだして存在しているその部分にこそ「本来の真宗」を見ている人にとっては、「イエの論理」や「習俗」の部分は「本来の真宗」にとっての障害でありこそすれ、「本来の真宗」が包み込み得るものとは見えないのである。「見える」教団の外にこそ「本来の真宗」が「見えている」と見なす人びとの存在を、「親鸞ブーム」「歎異抄ブーム」と呼び得るのである。そして、既存の教団の「外」のそのような状況が「内」にも反映して、「見える」教団の内部においても、新たに理解し直される「本来の真宗」を求める関心が引き起こされているのではないだろうか。もちろん、自明の事ながら、注意しなければならないのは、「親鸞ブーム」や「歎異抄ブーム」の個々の事例がすべて「本来の真宗」であるとは限らないのである。

このようなことは、「教学」と呼ばれる営為においても同様である。伝統的な教学的概念と自己の体験が連続している限り、即ち、言葉と事柄との調和的関係に立つ限りは本質的な問題は生じないであろう。しかしながら、両者の間にズレを見いださざるを得ない人の存在も否定できない事実であろう。

「日本の歴史的現実は、西洋の法制、経済、科学哲学によって根本的に再形成され、年とともにますます深く再形成されつつある。曾て支那の歴史が日本にとって自身の歴史の一部であったやうに、現在では西洋の歴史がさうである。仏教はその長い歴史に於て初めて、日本に於て西洋に出会った。そして両者の異質性は、仏教が現実から遊離するといふ形で現れた。現在に於ける仏教の行き詰まりは、根本的にはそこから由来する」（『西谷啓治著作集』第十八巻二二五頁）というような見方に立つと、「真宗」における言葉と事柄の関係の表現を「新たに」求めざるを待たないのである。

キリスト教との対話

ところで、昨今は「キリスト教と仏教の対話」という主題がよく話題に上っている。そして、そのような主題設定のとき、「真宗」とキリスト教との間にある種の親近性が見いだされることが少なくない。キリスト教と浄土教・真宗との間にどのような内容を相呼応するものとみるかは種々の見解があろう。両者の異質性を強調する見解もあり、また、キリスト教の側からの「片思い」という側面もなきにしもあらずであろう。

それはともかく、キリスト教からの「対話の相手」として認知されている「真宗」、即ち、キリスト者に「見えている真宗」は、日本社会で歴史的に存在してきた「制度的宗教」としての「真宗」や、「親鸞ブーム」「歎異抄ブーム」としての「個人的宗教」という「真宗」にとらわれないような形での「本来の真宗」の一つだともいえるのである。

たとえば、日本の宗教や浄土教・真宗に詳しいキリスト者であるJ・ヴァン・ブラフト南山大学宗教文化研究所長は、「私の受けた印象では、日本仏教のやや哲学的な教学と一般信徒の生きている仏教とは、お互いに遠く離れている。しかも、もし一方で教学者の口から『現世利益を頼む祈りはすべて執着で仏教的ではない』と言われ、他方で、一心に病気の子供の回復を祈る信心深い母の姿を見れば、私はどちらかというと、ほんとの仏教は、むしろその母の実践にあると考えがちだ」と言う。また、現在、「真宗」は日本の「外」、ハワイや南北米大陸、ヨーロッパ等に弘まっている。

これらの主としてキリスト教文化圏に根を下ろしつつある「真宗」の自己理解は、必ずしも日本社会で馴染みのあるものと重なりあっているわけでもなさそうである。「見える真宗・見えない真宗」を考えるときには、これらの要素も重要なものとして考慮しなければならないであろう。

ともあれ、「真宗」を巡る現在の〈混迷状況〉を打破するためには、種々の理解を、一度、「見える真宗・見えない真宗」という相関的枠組によって相対化し、そこから「本来の真宗」を求めるという試みも必要なのではないだろうか。現代の時代理解・存在理解からも「時機《じき》純熟《じゅんじゅく》之《の》真教《しんきょう》」が語られなければならないであろう。

Ⅲ

JR稲荷駅疎水沿いの桜

海のうちとのへだてなく——世界の中の親鸞

二つの世界地図

題にさせていただいたのは皆さんもよくご存じの言葉で、「海のうちとのへだてなく、みおやの徳のとおとさを、わがはらからに伝えつつ、みくにの旅をともにせん」という「真宗宗歌」の三番の歌詞の最初の言葉です。

「海のうちと（内外）」という言葉は普通「日本の内と外」という意味だろうと思われます。その言葉に引っかけまして、ちょっと地図を見てもらおうと思い、用意してきました。皆さんが馴染《なじ》んでこられたものと少し違うと思います。

すぐにおわかりでしょうが、一つは、ヨーロッパ世界が中心のもので、他は、南半球、オーストラリアやニュージーランドが中心で南極が上になっているものです。理屈では、地図というものは丸い地球上の各地域を平面化する苦心の産物であり、相対的なものだとわかっていても、私たちは日本列島が中心にある世界地図に慣れ親しんでいるので、どうしても日本中心・自分中心にものを見、考えてしまいがちです。もちろん、どの地域の人も多かれ少なかれ自分中心に発想しますので、「お互いさま」ということはあるのですが、それはともかくも、地図という何気ないものでも実は強烈な自己主張の産物であるということはわかっていただけると思います。

南極が上になっている地図は研究サービスセンターに貼ってありますので、一度、そこに書かれている英語を読んでください。今までは「北」が中心であったが、これからは「南」が世界の中心であるべきだという主旨のことが書かれています。

私たちの日本語の使い方として「海の内」とは「自分たちが住んでいる地域世界を取り巻いている海の内」を意味し、また、「海の外、海外」というのは「海によって囲まれて住んでいる自分たちの外の国、外国」という意味でしょう。そして、「自分たちが住んでいる社会、その文化的環境世界」を通常「日本」と呼んでいますから、「海のうちと」というのは、先ほど申しましたように「日本の国の内と外」の意味だと思います。

「みおやの徳のとおとさ」とは親鸞聖人が味わわれたお念仏の世界ということで、その「みおやの徳のとおとさを」本当に自分のものにするだけでも実にたいへんなことだと思うのですが、さらにそれ以上に、それを、「海のうちとのへだてなく」伝えようとするのは、即ち、「海のうちとのへだてなく」ということの言葉通りに行動しようとすることは、たいへん困難なことではないでしょうか。

そして、また、こちら側から「海のそとへ」「すばらしいもの」を伝えようとしているけれども、実は、「海のそとから」もまったく違う「すばらしいもの」が伝えられつつあるのではないでしょうか。ところが、これらの「すばらしいもの」どうしは、なかなか理解し合えないのではないだろうか、などということを皆さんと一緒に考えたいと思い、そのために、二、三の話題を提供させていただこうと思います。

外国人からの批判

今年（一九九〇年）の六月二十二日の朝日新聞の手紙欄に、岡山の高校の英語助手として働くオーストラリアのトレーシー・アン・リンチさんの「私が見た日本の人権」という一文が掲載されました。

「日本に住む普通の外国人からの批判」に対して、さまざまな投書が寄せられて、大きな反響を呼びました。「学歴、仕事、男性優先の社会の中で、個人の気持ちが犠牲にされているのではないか」という主旨で、また、特に日本社会での女性の立場に関連して「日本人の男性とは結婚したくない」というくだり等が反響を呼んだのでしょう。まざれもなく日本社会は「男性優先の社会」であり、耳の痛い男性は、私を含めて少なからず見いだされるように思います。

「日本の外」からの視点と「日本の内」での視点とのくいちがい、スレ違い、あるいは、そこで浮び上がってくる日本社会特有の「閉鎖性」は、いわゆる経済摩擦、文化摩擦の問題のところで大きく論じられている通りだと思われます。まさしく「海のうち」と「海のそと」は見方が大きく違うという事情を浮き彫りにしてくれる事例だと思われます。また、「海のそと」からの指摘に触発されて「海のうち」において自己変革を求める議論が沸き上がるということの好例でもあるでしょう。ただ、日本社会は「そと」からの指摘がないと動かない、「そと」からの指摘や圧力にはたいへん弱いという事情とも関連してくるので、問題は複雑かもしれませんが、日本社会が特有のあり方をしていることは確かでしょう。「海のうちとのへだてなく」という課題は、実際にはたいへん困難なものだということはよくわかるのではないでしょうか。

日本仏教のあり方

もう一つ別の例を出してみましょう。今年の七月五日の朝日新聞に、スリランカの一人の僧侶が日本の仏教へ改宗しようとしたことが大きな反響を引き起こしていることを伝える記事が載っていました。長年日本の仏教界と交流をもち、日本から寄せられたお金等で保育園や教育施設を運営したり、公的機関への寄付等を行っている親日派のビバッシ師が、スリランカ史上初めて真言宗へ改宗すると発表したことが、国民を驚かせたというものです。

「金儲け主義の堕落した日本の大乗仏教への改宗は認められない」「日本の僧は真の僧侶とはいえない」「日本の仏教界と文化には道徳とビジネスの区別がない」などという批判が出て、ビバッシ師の所属する宗派は破門を通告、一方、宗教界の現状に対する批判も出て、「信教の自由は保障されているはずだ」という憲法論議にまで発展する事態であるというのが記事の概要です。「日本の僧は真の僧侶とはいえない」というくだりは単なる「堕落」の問題だけではないと思います。この記事の脈絡から少し離れて飛躍してしまうきらいなきにしもあらずですが、この表現は「日本の仏教は真の仏教ではない」というような意味が含まれているとも解釈できるでしょう。スリランカの仏教と日本の仏教とは同じ仏教だといっても、具体的なあり方は非常に異なっている面があるわけです。

そもそも、「日本の内」と「日本の外」とでは「仏教」に対する素朴なイメージがかなり異なっている面があるのは確かでしょう。「日本における仏教」は、仏教の展開史でも、いわゆる大乗仏教の流れであり、また、その中でも独自なあり方を拓いたものであることは私たちが学んでいる通りだと思います。しかしながら、現代の時点で、また、いわゆる国際交流の場で互いに触れるような場面で、「日本の仏教者」の自己理解・自己主張と、日本社会の中でも多くおられる非仏教者（あるいは、仏教にあまり関心もなく、また、縁もなかったような人びと）や「日本の外」の人びととの理解の間には、相当大きな隔たりがあるように思われます。「海のうちとのへだてなく」仏教を巡る共通理解をしようとすることは、実はそれほど容易ではなさそうです。

国際社会の変容と宗教

さらに、もう一つの新聞記事を手がかりとしたいと思います。今年（一九九〇年）の九月二十七日の朝日新聞一面の「国際羅針盤――日本のあすを考える・どこへ行くソ連・国家の罪、国民に罰」というものです。少し堅い話題ですが、現在のソ連の複雑な問題を歴史的観点から論じているこの記事の中で印象深かったのは、次のような最後の文です。「われわれはとかく国家関係を、イデオロギーや軍事力の面からだけ考えがちだ。たしかに短中期的にはそれでよいのだが、長期的には、人類の歴史を動かすのは民族、宗教、生活向上欲、自由への憧れだ、という視点も、忘れてはならないと思う」。

この文の中の「人類の歴史を動かすのは民族、宗教、生活向上欲、自由への憧れ」という表現は、現在のソ連の経済問題、東欧やドイツ統一問題等を巡る新聞等の解説に接している限りでは、素直に聞けるものですが、ひと昔前には、この種の論説文の中では、このような表現、特に、「歴史を動かすもの」として「宗教」を挙げるということはあまりなかったと思います。いつ頃から「宗教」がこのような文脈に登場するようになったのか定かではありません。一九六〇年代頃までは、現実の歴史社会の中で宗教は正面から相手にされる雰囲気ではありませんでした。ところが、一九七〇年代頃から全世界的に政治的な保守化潮流の高まりと並行するかのように「宗教復権」が語られるようになりました。日本でも「宗教ブーム」が起き、特に、「新(・新・新)宗教」の運動が注目されるようになり、既成の宗教とはひと味異なる「宗教性・宗教的存在」が論じられるようになりました。

世界的な経済・社会・政治を巡る論議の中での問題としては、いわゆるイスラム・パワーに対する認識の変化でしょう。一九七三年に世界経済の脈絡でのオイル・ショックがあり、石油資源とイスラム世界との重なりが注目されるようになり、そして、一九七九年のイラン革命によって社会の変革の根底にあるイスラム・パワーが強い印象を与えました。

少しばかり話が大きくなりすぎたかも知れませんが、お念仏の教えを「海のうちとのへだてなく」多くの方々と共に喜ばせていただきたいというこちらの願いを伝えようとするときの環境条件、あるいは、前提条件が「日本の外」と「日本の内」とでは非常に異なっているのではないかということを申しあげたいのです。「宗教の問題」に対する理解や常識というものが、「日本の外」と「日本の内」とではたいへん異なっているようです。「日本の外」からは、しばしば、「日本の社会はたいへん宗教的である」と言われますが、「日本の内」ではそれが何を意味しているのか理解されにくいと思われます。

世界の中の親鸞

ところで、「世界の中の親鸞」ということがよく語られます。現在では、アメリカやヨーロッパ地域に親鸞聖人のお念仏の教えに帰依《きえ》される方が沢山おられます。お念仏の教えが「海の外」へ弘まっているわけですが、その弘まり方に二種類あると思われます。

第一は、移民に伴《ともな》ってであります。日本から移民された人びとで少なからぬ方々はお念仏の教えと共に新しい土地へ行かれました。そのような形でお念仏の教えが弘まりました。

第二は、先ほど申した「日本の外」での「宗教」の問題としてであります。自らの宗教的探求の歩みの中でおのずとお念仏の教えに出遇《であ》われた方々がたくさん出てこられました。

もちろん、どのような形であれ、お念仏の教えが弘まっている事実には変わりはありません。宗教の教えというものは、おのずから伝わるもので、伝えようとしてもうまく伝わるとは限りません。うまくいっていない例として一番身近なものは、失礼かもしれませんが、日本社会でのキリスト教の伝道です。明治以来百年以上にわたって教育事業などを介しながら努力されていますが、キリスト教がなかなか日本社会に根づかない、土着化しないとよく指摘されています。しかし、この問題は何もキリスト教の場合だけではないのです。そもそも、「日本の宗教は仏教である」ということがいえるでしょうか。皆さんはどう思われますか。

仏教の歴史は実にさまざまです。仏教は日本社会においても独特の展開をしたとはいえるでしょうが、「日本の宗教は仏教である」と、はたしていえるでしょうか。「日本の内」においても、また、「日本の外」においても、「日本の宗教は仏教である」といえるような根づき方をしているか、種々の議論が予想されるのですが、どうでしょうか。

宗教のパラドックス

さて、親鸞聖人にとって、いま話題にしたような「海のうちとのへだてなく」という問題はどのようになるでしょうか。親鸞聖人は「片州《へんしゅう》」という言葉を使っておられますが、この「片州」という言葉は、いま見てもらった地図の中での日本の位置のイメージとよく合いそうです。ヨーロッパを中心にした世界地図では、日本は文字通り大陸の東の果て、極東の片隅に位置しています。まさしく日本という国は「片州」「きれはしのような小さな島国」に他なりません。「片州」（きれはしのような小さな島国）という表現は、『高僧和讃』の源空、即ち法然上人を讃《たた》えるものの中にいくつか出てきます。

善導源信すすむとも　本師源空ひろめずは
片州《へんしゅう》　濁世《じょくせ》のともがらは　いかでか真宗をさとらまし（『註釈版』五九六頁）

粟散《ぞくさん》片州《へんしゅう》に誕生して　念仏宗をひろめしむ
衆生《しゅじょう》化度《けど》のためにとて　この土《ど》にたびたびきたらしむ（『註釈版』五九八頁）

また「正信偈」の中には、

本師源空明仏教　憐愍善悪凡夫人
真宗教証興片州（真宗の教証、片州に興《おこ》す）　選択本願弘悪世

とあり、さらに『浄土文類聚鈔《じょうどもんるいじゅしょう》』の序文にも、

ここに片州《へんしゅう》の愚禿《ぐとく》、印度《いんど》西蕃《せいばん》の論説に帰し、華漢《かかん》・日域《じちいき》の師釈《ししゃく》を仰いで、真宗の教行《きょうぎょう》証《しょう》を敬信《きょうしん》す……（『註釈版』四七七頁）

と表現されています。

親鸞聖人の時代における空間的な世界像は、現在のわれわれのそれとはおそらく異なるでしょう。親鸞聖人は「片州」という言葉を現在のヨーロッパ中心の世界地図のイメージで用いられたわけではないでしょうが、ともかくも、「世の中の片隅の場所である日本において」というような、世界の中心ではないところに自分はいる、というように思っておられたわけです。

しかし、そのような、世界の片隅、片州ではあるが、そこで法然上人を通してお念仏の教えに出遇うことができたのだというよろこびの表現として使っておられるのです。「世界の片隅」ではあるが、真実の教えに出遇うことができたというわけです。ここが問題に

なるところなのですが、このような脈絡では、実は、そもそも世界の中心がどこであるかというような問題は消えてしまっているのです。

真実の教え、仏の教えに出遇っているところでは、実は、われわれが「海のうちと」というような区別を立てている、その発想そのものが意味をもたなくなっているのです。片州、世界の片隅であるかどうかはもはや問題としては消えてしまうのです。われわれは「海のうちとのへだてなく」と言うわけですが、「海の内と外」の区別を前提したような発想が必要ではないところに親鸞聖人は立っておられるのです。このようなことは、宗教の一番大事な問題がもっている、パラドックスのようなものですが、宗教の核心にはいつも見られる事柄だろうと思われます。

このようなパラドックスは、昨今よく語られる「国際化」「国際交流」という事柄にも当てはまると思います。言葉も習慣もまったく異なる人びとと知り合うことで得られる最大の効果は、新しい自分の発見だと思います。静かに自分を見つめ直すことで新たな自分を発見できるということももちろんあるのですが、異質なものに遭遇することで、素直に新しい相手・他者を見いだし、今まで気づかなかった自分を発見することができるのだと思います。

「国際化」「国際交流」というような表現は、実は、「海のうちとのへだて」があるという前提の下で初めて意味をもつものでしょう。しかしながら、「国際化」ということの意味は、「国際化」という言葉を成立させているような「海のうちとのへだて」が消えてしまうところで初めて意味をもってくるのだともいえるのです。つまり、日本語でよく用いる「国際化」「国際交流」という問題は、その言葉の意味が無意味になってしまうときに実現する、つまり、一人ひとりが自分の足で立ち、自分の言葉で自分のことを語ることができるときには、「海の内・外」は問題にはならないのだという、パラドックスの上に成り立っているものです。

ちょうど、親鸞聖人のように、世界の片隅にありながらも、しかし、「海のうちとのへだて」という区別なく、真実の教えに出遇っている、というような発想に立ち戻ることが大事ではないでしょうか。

手を合わす心、お念仏——土着化した宗教心とお念仏

お逮夜とご命日

「手を合わす心、お念仏——土着化した宗教心とお念仏」という題で少しお話をさせていただきます。

日本の社会で「手を合わす」というのは「拝む、祈る（等）」という意味をもっている、また、仏教という宗教と結びついています。日本の社会に根付いた形、つまり、宗教心が土着化したものといえます。自然に仏教の形だと思われるまでになっているのですね。そのような「土着化」した宗教心と「お念仏」との関係について少しばかりお話させていただき、いっしょに考えさせていただきたいと思います。

最初に「お逮夜《たいや》法要」についてですが、「お逮夜法要」という言葉よりは「お逮夜」という言葉について少しお話したいと思います。

龍谷大学では、深草学舎で「お逮夜法要」（十五日）、大宮学舎で「ご命日《めいにち》法要」（十六日）、瀬田学舎で「ご生誕法要」（二十一日）が行われます。この中の「逮夜」、「命日」という言葉についてですが、「お逮夜」という言葉の意味は「前日の夜」というものです。「命日」は、「命終《みょうじゅう》の日」です。生涯を終えた（命が終わった）日という意味で、その日に営む法要が「ご命日法要」です（龍谷大学でいう「ご命日法要」は、親鸞聖人の命日の日の法要です）。「逮夜」はその前日の法要です。お逮夜法要とご命日法要というのは、実はセットです。ひと続きのものです。法要（宗教儀式）は、「前の日」（逮夜）から始まります。ご命日法要はお逮夜法要から始まる、そういうものとしてあります。

宗教的な時間

これは、龍谷大学の中で決まったこと、あるいは浄土真宗の中でそのように決まってきたことというだけではありません。いろんな宗教でもそうですが、一般に宗教的な時間、宗教的な儀式というのは、夕方、夜から始まります。

宗教的な時間の流れは太陽が沈む頃から始まるというのが、多くの宗教において見られる形です。前の日（逮夜）から法要が始まるというのは、その「一日」（宗教的な時間の流れ）が始まっていくという意味です。前の日に太陽が沈んでいきます。日没ですね。太陽が沈み、闇が七〜八時間、十時間ぐらい経つと、また闇が去っていきます。日が昇ってきます。この時間の流れ、日没から闇になりますが、その闇がやがて明るくなっていく、この時間の流れというものが、基本的に宗教的な儀式の正式なといいますか、一番きちんとした形で営まれるときに流れていく時間です。

一日はいつから始まるかと尋ねられると、午前零時と答える人が多いと思います。夜の二十三時五十九分の次に時計が十二を指す時に零時零分になる、この時から新しい日が始まると、ふつう、このように理解されていると思います。私もごくふつうにはそう思います。年末年始の「ゆく年くる年」というテレビ番組の中で、夜の十時、十一時というふうにどんどんと時間が過ぎていって、そして零時になると「新しい年が始まりました」「新しい〇〇年が始まりました。」というふうに表現されます。誰もがそういうふうに考えています。

時計で計って、そしてカレンダーで何日というふうに数えていくその約束ごとでは、そういうことなんですけれども、宗教的な時間の文脈で正式な時間の始まる、その一日が始まるのは、実は日没のあたりからです。

祇園祭りを思い起してください。山鉾巡行は祇園祭りのハイライトであるかもしれませんが、もう一つの前の日の夜、夕方の「宵山《よいやま》」も、お祭りとして行事が行われるのではないかもしれませんが、祇園祭りのメインイベントといいますか、たくさんの人が集まってきて、言ってみればお祭り気分というものが最高潮に達します。宵宵山も、宵宵宵山もあるではないかというふうに、さかのぼって、もちろんあるのですけれども、祇園祭は宵山から始まって、山鉾巡行でピークに達する。そういうふうに考えるとよくわかると思います。この時間の流れというものが、宗教的な儀式の、宗教的な時間のきちんとした流れであるわけです。

クリスマスを思い浮かべてください。キリスト教の祝祭としてのクリスマスというのは、ふつうそういうふうに理解されますが、日本の社会では、ある意味、キリスト教という宗教とはちょっと離れてしまって、十二月二十四日にパーティをする、ケーキを食べる、あるいはそれに向けての商店街やデパートなどでクリスマスセールが行われる、これがクリスマスだというふうに理解されている向きもあります。それはそれで、人びとの中に根づいた一つの形ではあるでしょう。それは、ともかくも、クリスマスは十二月二十五日が本番ではあるんですが、前の日の〝イブ〟がとても大切なものとされ、そこで、儀式が行われます。

どんな行事でも「イヴ」（前夜祭）は大事ですよね。儀式は、前日の夕方から始まるのです。そういう時間の流れ、夕方・日没から日の出に向かって流れていく時間、そして、日の出から、その日が進んで、太陽が南に来て、また沈んでいく、このような時間の流れが「一日」として理解されているというのが、宗教的な時間の意味づけです。

土着化の英語

日本の社会には、クリスマスがクリスマスセールのような形で入って定着していますが、必ずしもキリスト教がそのまま入っているとは思えません。しかし、これも、一つの土着化したクリスマスの形ということができます。「土着化した宗教心」という表現を出したのは、このような「土着化」の形を今日の手がかりにしようということからです。日本の社会でのクリスマスセール、あるいはパーティをする、ケーキを食べるということの形そのものは、キリスト教という宗教が土着化したものとはいえないかもしれませんが、土着化というのは、そもそも、かなり変形した形で定着した姿をいいますので、クリスマスセールもキリスト教（文化）の一種の土着化ともいえるでしょう。

「クリスマス」は、キリスト教の宗教行事として理解されていますが、キリスト教という宗教の歴史の展開の中で、クリスマスは、実は、かなり後から生まれてきたものといわれます。冬の祭り、冬至《とうじ》の祭りが、キリスト教の中で、ある頃から土着化し祝祭として定着してきたといわれます。

「土着化」ということでメモを作ってきました。資料の右のほうを見てください。英語で恐縮ですが……。

「インカルチュラライゼーション」、この言葉は「その文化の中に根づく」という意味です。ふつうみなさんが使われる英語の辞書の中にはまだ見いだされません。ふつうの辞書の中にはまだ採り入れられていませんが、ここ十～二十年ぐらいのキリスト教世界の中ではよく使われるようになった言葉です。

キリスト教という宗教が新しい土地、あるいは伝統的な社会の中にあっても、宗教としての形がなかなか根づかない、あるいは根づいていたはずなのに形骸化してしまった。もう一度しっかりと根づかせないといけない。そのような文脈で「インカルチュラライゼーション」という言葉が使われるようになっています。辞書にないので、説明するのにちょっと困ったんですけれども、インターネットでこの言葉の検索をかけてみました。たくさん出てきました。その中の一つです。別に英語の授業ではありませんが、見てください。

The European Cathedrals Conference (January 2001) - Unity in Music
　Unity in Music by Mr Mark Duley, M.Mus., Director of Music at Christ Church
　　Cathedral Dublin

http://www.cccdubie/conference/eurocath/eurocath-duley.html

So in fact what we have here is inculturalisation: the church using common,
　vernacular culture as its liturgical currency. ...

(asahi.com　エクシード英和辞典)

ver·nac·u·lar　　a.（言語が）自国の；方言の；（建築など）その地方特有の

n.（the ～）自国語；地方語, お国ことば；（職業上の）専門語；（動植物の）俗名.
cur·ren·cy　n. 流通, 通用, 流布（るふ）；通貨, 紙幣; 声価.
lit·ur·gy　n. 礼拝式；【ギリシア正教】聖餐（せいさん）式；
【英国教】（the ～）祈祷書（きとうしょ）.
☆inculturalisation：辞書になし

このような文章の中に「inculturalisation…インカルチュラライゼーション」という言葉がパッと出てきました（これはとても都合が良いということで、ちょっと写してきました）。その英語の最後の二行ですね。「今、私たちが持っているもの、これがインカルチュラライゼーション（土着化）したものです。教会は音楽を用いている……」。そんな言葉がありますが、音楽というものが共通の土着化したその土地その土地、自分たちの文化に根づいた形として存在している……、そのような意味の文章です。

「liturgical currency…リタージカルカレンシー」という表現はわかりにくいかも知れませんが、先ほどから真宗宗歌を歌い、またお経を歌にしたものを歌ってお勤めをしました。このような形が「リタージカルカレンシー」というふうに表現されるものです。実際に儀式の中で行われる事柄……これが土着化したもの、教会の音楽というものが、ヨーロッパのキリスト教世界での文化になっている。これが土着化したものなんだと、こういう文脈で使われる言葉です。

土着化した仏教語

英語の話、キリスト教の話をするのが目的ではないのですけれども、資料の左部分を見てください。一読していただければ、どういうことかがよくわかります。みな『広辞苑』から選んだものです。

①「おだぶつになる」――ダメになってしまった

○お - だぶつ【御陀仏】

（阿弥陀仏を唱えて往生する意）死ぬこと。転じて、物事がだめになること。

東海道中膝栗毛「この魚は―だぜ」。「計画が―になる」

②「おしゃかになる」

○お‐しゃか【御釈迦】
（地蔵や阿弥陀の像を鋳るのに誤って釈迦像を鋳てしまったことからという）
つくりそこなうこと。つくりそこなったもの。不良品。「―にする」「―になる」

③「馬の耳に念仏」
○馬の耳に念仏
（馬に念仏を聞かせても、その有難みがわからないように）いくら説き聞かせても、何の効もないたとえ。犬に論語。兎に祭文。牛に経文。

④「おうじょうぎわがわるい」
○おうじょう‐ぎわ【往生際】ワウジヤウギハ
＊死にぎわ。
＊ぎりぎりのところまで追いつめられたとき。また、そのときの態度。「―がわるい」

⑤「たちおうじょうする」
○たち‐おうじょう【立往生】‥ワウジヤウ

＊立ったままで死ぬこと。立死たちじに。〈日葡〉。「弁慶の―」
＊立ったまま何ともするすべのないこと。（行きづまって）動きがとれないこと。「列車が雪で―する」「演壇で―する」。
○おう‐じょう【往生】ワウジヤウ
＊〔仏〕この世を去って他の世界に生れかわること。特に、極楽浄土に生れること。日本霊異記上「父母に孝養すれば、浄土に―す」
＊死ぬこと。「大―」
＊あきらめてじっとしていること。どうにもしようがなくなること。閉口。
「停電で―した」

⑥「せいぜん」（次は『広辞苑』ではありませんが）
○せい‐ぜん【生前】
（亡くなった人が）生存していた時。存命中。「―をしのぶ」「―愛用の品」
＊没後　＊死後。

「生存」していた時をなぜ「生前」というのでしょうか。言葉として不思議だと思われませんか。「生前」という表現、字義的には、「生まれる前」でしょう。「存命中、生きている時」をなぜ「生まれる前」というのでしょうか。私が聞いているのは、ここでの「生」は、「往生」の生だということです。「往生の前」、「往生」は「亡くなる、命が終わること」と理解されるので、その前、つまり、「往生の前」ということから生前という言葉が使われるのだということです。

⑦「たしょうの縁」

○多生の縁

生れ出る前からの多くの生を経る間に結ばれた因縁。前世からの因縁。(「他生の縁」とも書く)「袖振り合うも――」

○た‐しょう【他生】：シヤウ

＊そのものの作用でなく、他の原因によって生ずること。

＊この世から見て過去および未来の生をいう語。　↓多生の縁

少し煩雑かもしれませんが、これらの言葉に、いずれも共通している面があることに気

づかれるかと思います。基本的に仏教の教えで語られる事柄が、少し違った意味で使われるようになったものの例を挙げてあります。これは本来の仏教の教えが正しく受け取られていない、使われていない。そういうふうに理解することもできるのですけれども、もう一つの意味では、仏教の教えがこれほどまでに土着化したのだ、土着化した姿である。仏教が土着化したから、このような広い意味で、あるいは仏教本来の意味とは違った意味でも使われるほどになったのだ、というふうに理解することもできます。今日、土着化した宗教心という表現を持ち出したのは、この意味を理解してもらいたいからです。

合掌と礼拝

そして「手を合わす心、お念仏」という事柄についてです。「こんにちは。おじゃまします」とどこかのおうちを訪ねて玄関に入りました。おうちの方が出てきました。そして挨拶をするときにお念仏とはいいませんが、「こんにちは」と手を合わせて挨拶をしたら、そこのおうちの人、挨拶を受けた人は、少し戸惑われるだろうと思います。やんわりと「いやいや、そのようなことをしないでください」と言われるかも知れません。「そんな拝まないでください」、「いや、縁起《えんぎ》でもない。なんてことをするんだ。私はまだ生きているんだ。私は、まだ死んでいないんだ。拝まないでください」……こう言われるかも知れません。

手を合わせてお礼をするということは、ここでは「合掌《がっしょう》」「礼拝《らいはい》」という言葉で表現され、私たちもいま合掌、礼拝をしていますが、手を合わせてお礼をするというのは、仏様にお参りをする、そのような意味で理解しています。また、先ほどの「お陀仏になった」とか「お釈迦になった」という言葉と同じような文脈で亡くなった人を「仏（ホトケ）」というふうに表現する言葉の使い方があります。亡くなった人を「仏《ほとけ》」といいます。仏にお参りをするという文脈で手を合わせてお礼をするということは、仏様にお参りをすることだというふうに理解されています。

しかし、もともとこのような「手を合わす」という形、習慣は仏教が生まれたインドの社会で、基本的には挨拶の形ですね。相手を敬う、敬意を表す、丁寧に挨拶をする……そういうときの姿です。そういう趣旨からすると、「こんにちは」と玄関に入って、「はじめまして」というふうにお礼をするのは、仏教が生まれた当時もたぶんそうだったと思います（正確にそういう文献で、しっかりと調べたわけではありませんが、そういうふうに聞いています）。仏教が生まれた社会の自然な挨拶の仕方、それがこういうものであった。それを正しくそのまま受け継ぐということからすると、手を合わせて「こんにちは、はじめまして」という姿が本来の形なのかも知れません。そうしてくださいというわけではないのですけれども、そういう意味も、今でも確かにあるでしょう。今でも手を合わせてお礼をすることが基本的に挨拶だ、相手に対する敬意を表すことだと理解されている、そのような文化を持つ世界はたくさんあります。

しかし、日本の社会で手を合わすということは、なぜか仏様にお参りをする行為だと理解されています。

神社で神様にお参りをする、そういう作法は正確に知りませんが、手を打ちます。柏手《かしわで》を打つといいますが、手を打つということの行為は、正式な作法がどうであるかということを知らない人でも、こういうふうにすることが神様にお参りをする形なんだと理解しておられると思います。でも、これは日本の社会での話ですね。日本の社会で、手をたたくのは神様にお参りをする姿で、こうして何も音を立てないで手を合わす、あるいはお礼をする、これは仏様にお参りをすることだと理解されています。

そして、手を合わせて「南無阿弥陀仏」という言葉を称える人もたくさんおられます。

手を合わせる形と、「南無阿弥陀仏」という言葉は、ごく自然に結びついています。

仏教徒であるか、浄土真宗の、あるいは浄土宗の信者であるかどうか、天台宗にも宗派としてのお念仏の教えがもちろんあるわけですが、たとえ仏教の教えとしてのお念仏ということの意味合いを、その教えのきちんとした説明に従って理解していない場合でも、手を合わせて少しおじぎをするといいますか、お礼をする。そのときに「南無阿弥陀仏」という言葉がある意味でセットになって理解されている。これは仏教という教え、中でもお念仏の教えというものが日本の社会の中に完全に土着化している、そういう姿なんだというふうに理解することができます。

南無阿弥陀仏のお念仏

お念仏の教え、お念仏というのは、「南無阿弥陀仏」という、「阿弥陀仏に帰依する」という意味なのです。それから最後の方に書いておきましたけれども、「帰命無量寿如来南無不可思議光」という言葉があります。これは親鸞聖人が作られた「正信偈」の最初の言葉でもあります。入学式のときに、合唱団の人が節をつけて歌ってくださったそのところでも、「帰命無量寿」というその言葉を基本にした歌が、確かあったと思います（『礼讃無量寿』）。

「帰命無量寿如来　南無不可思議光」という言葉ですね。言葉の意味は「南無阿弥陀仏」と同じです。その意味が同じだということの説明は、また別の機会に聞いていただいたらいいのですが、「帰命無量寿如来　南無不可思議光」、特に「帰命無量寿如来」あるいは「帰命無量」のこの言葉、日本の社会でかなり知れ渡っています。これがどういう言葉なのか、意味を、浄土真宗の教えに即した形で知らない人でも、「帰命無量寿如来」「帰命無量」……「ああ、それは浄土真宗のお葬式でお勤めがされる、ああ、あれなんだ」と。

浄土真宗はよく知らないけれども、何か「帰命無量」という、そんな言葉がいつも出てくる。そういう理解というのは、かなり行き渡っていると思います。浄土真宗の教えに即してきちんと理解しているというあり方からすると、「そんな中途半端な、ある部分だけを、そんなふうに理解してもらっては困ります」という声は、たぶん強く出てくるでしょうけれど、しかし「帰命無量」という言葉が、何かよくわからないけれども、浄土真宗のお葬式のときに聞こえてくる言葉なんだと連想がパッとはたらくということは、それがそれだけ土着化しているのだ、習俗になるほどまでに土着化しているのだ、というようにも理解できます。日本の社会の中に「キリスト教はなかなか〈土着化〉しない」が、仏教は、そんなふうにまで土着化したのだ、ともいうことができます。そういう面もあるのです。

それから「南無阿弥陀仏」という言葉が変形した言葉はたくさんあります。「なまんだぶ」「なんまんだぶ」などですね。「帰命無量寿如来　南無不可思議光」「南無阿弥陀仏」、それぞれの言葉の意味からするとまったく同じ意味、同じ価値をもっているものですけれども、土着化しているということからすると、「南無阿弥陀仏」という言葉に勝るものはたぶんないと思います。

「南無阿弥陀仏」というのは、何かよくわからないけれども、とにかく死んだ人の前で手を合わせて言う言葉なんだというふうに理解されている面があります。「帰命無量」とか、「南無不可思議光」というのは、そこまで〈土着化〉していません（それが良いか悪いかは別なんですけれども）。土着化しているということは、そういう人間の自然な気持ちの中に入り込んで、それが自然な形でパッと出てくるという、そういうものです。仏さまにお参りをするということが、手を合わすという形で理解されているということは、とても大切な事柄です。

亡くなった人を前にして「南無阿弥陀仏」と手を合わせて、そして手を合わすときに私は（なぜか無意識にやってしまいましたけれども）目をつぶる（同時に目をつぶらないといけないというわけではないんですけれども、瞑想をする、瞑想という形のものにつながった行為なんでしょうね）。こういうふうに手を合わせて静かに目を閉じて、この手を合わせて瞑想して、お念仏が出てくる。ある断片的な無意識の形であっても、実はお念仏が具体的に現れたその姿に他なりません。

最後に和讃を紹介させていただきます。

南無阿弥陀仏をとなふれば
十方無量の諸仏は
百重千重《ひゃくじゅうせんじゅう》囲繞《いにょう》して
よろこびまもりたまふなり（『註釈版』五七六頁）

親鸞聖人が『浄土和讃』の一つとして作られました。そしてその中に「現世利益和讃」と名前がついていますが、その最後の和讃です。……南無阿弥陀仏を称えれば、たくさんの、無数の仏様方は、みんな南無阿弥陀仏を称える人を取り囲んでしっかりと喜んで守ってくださるのだ……お念仏を称えるということは、それほどすばらしいことなんだということを教えてくださっている和讃です。

私たちが、こうしてお逮夜法要の場にお参りをして、仏さまにお参りをする。形を整えて静かに仏さまにお参りをする。これも土着化した姿の中に、いわばしっかりと根づいた、その中で初めて自然な形でお参りができるという、そういうものが生まれてきます。そして、それは昔から（いつからとはわかりませんが）、この私たちの社会に根づいて、自然に受け継がれてきています。こうしてお逮夜法要にお参りをするという短い時間ですけれども、私たちがお参りをさせていただくことで、この形はまた自然に受け継がれていきます。また、受け継がれていくことを期待もします。

宗教なき信仰——現代日本人の宗教を考える

柳川啓一先生

「宗教なき信仰」という思わせぶりで少し肩ひじを張ったような題を掲げましたが、現代における宗教の問題について、また、現代における親鸞聖人に従うお念仏を巡る問題について少しばかりお話をさせていただこうとの主旨から選んでみました。「宗教のない信仰」という少しひねったような表現は、別に私が無理に作ったのではありません。ヒントといいますか、手がかりにさせていただいている議論があります。

柳川啓一という方が『現代日本人の宗教』（法藏館）という本の中で、「信仰のない宗教」「宗教のない信仰」について語っておられます。それを手がかりにさせていただきました。もっとも、柳川先生は「信仰のない宗教」を主題にしておられ、私がこれからお話をさせていただこうとするのは、「宗教のない信仰」なので、それと少し異なる主旨のものですが、「宗教」「信仰」という言葉の意味というか定義の問題が重要ですので、まず柳川先生の「信仰のない宗教」について少し話さなければなりません。

信仰のない宗教

柳川先生のお話は「日本人の宗教」についてであります。日本社会に多く見られるある現象、初詣《はつもうで》や祭り、七五三や地蔵盆などがあります。実はこれらの習俗《しゅうぞく》とも呼ばれるものを宗教と呼ぶべきかどうかということ自体が問題です。裁判も起こされているような社会的な問題でもあります。柳川先生はそのような「日本人の宗教」を「信仰のない宗教」と表現されます。

柳川啓一という方は宗教学の先生です。まだ、六十代の前半でしたが、九〇年にお亡くなりになりました。その後、先生の講演集として出版されたのが、この『現代日本人の宗教』という本です。宗教学という学問分野はたいへん広いものです。広いといえば体裁の良い表現になりますが、逆に、互いに無関係に見えるような分野をまとめて、要するに宗教に関わる学問だから宗教学だと便宜的に呼ばれたりすることもなきにしもあらずです。それはともかくも、柳川先生は、宗教社会学という観点から日本社会の宗教について研究された立派な宗教学者です。

柳川先生は、日本社会における宗教的な現象を「信仰のない宗教」という考えでわかりやすく説明されます。「信仰のない宗教」の例として挙げられているのは、初詣、祭り、無宗教の葬式、市民宗教などです。

まず、日本社会では、「宗教イコール信仰」ではないことを指摘されます。つまり、宗教とは何かある信条、教えを信じている場合で、信じていない場合は無宗教である、という考え方が通じないということです。ドーアという社会学者が東京の下町で調査をした、霊魂《れいこん》を信じるかとの問いに、大部分の人が死んだら何も残らない灰になるだけだと答えた。それなのに、たくさんの人が仏壇を拝んでいる。このことにドーアはたいへん驚いたというのです。

また、多くの人びとに「何か宗教を信じていますか」と問いかけると、イエスが三五％くらい、ノーが六五％くらいだそうです。柳川先生は宗教社会学の専門家ですから、この数字は信じてよいと思います。また、同じように、「家の宗教は何ですか」と問いかけると、それに対しては、ほとんど何かの答があるそうです。つまり、かなりの人が「個人の信仰」と「家の宗教」とを区別しているわけです。

そのような人たちの考えでは、宗教を信じる、宗教をもつ、ということは自覚的・能動的にある信念をもち、ある具体的な宗教的行動をするグループに参加することとして理解されているのです。そして、そうでない場合は「信じていない」という理解がなされているのです。また、「家の宗教」とは、いわば社会的な所属として、葬式などをする際の儀式の仕方によって見えるようなものとして理解されているのです。

柳川先生は、初詣や祭りの例を出されます。初詣や祭りは本来それぞれ由緒・いわれのある宗教文化なのですが、そこに集まる多くの人は、必ずしもその神社や祭りのいわれを信じているがゆえに参加しているとは限らないのです。このようなあり方が「信仰のない宗教」であり、日本社会の宗教的特徴なのだと説明されます。

日本社会における宗教のあり方に関しては、いろいろな意見があります。たとえば、正月には初詣をし、結婚式はチャペルで行い、お葬式は仏教でする。クリスマスやバレンタインデーなどもキリスト教とは関係なく一種の遊びに取り込んでしまう。日本人はなんという無節操なことをするのか、という類《たぐい》の考え方があります。日本人に信仰心がないから、確固たる宗教的伝統がないから、こんな行動をするのだ、として、これは恥ずかしいことである、とみる向きがありますが、柳川先生は、「信仰のない宗教」、特定の信仰箇条のない宗教、内心の問題に還元できないような宗教は、一つの形態として存在するのだ、と主張されます。擁護する議論は成功しないかもしれないが、また、別に責められるべきものでもない、と言われます。

宗教のないキリスト教

今日のお逮夜法要で、別に柳川宗教学の講義をするわけではないのですが、宗教や信仰という言葉の意味やそれを用いる文脈を少し確かめておかないと、宗教に関わる話がなかなか嚙み合わないということを話題にさせていただきたかったのです。「信仰のない宗教」という表現が日本社会の宗教現象の説明として妥当するかどうかは別の機会の話として、ここでは、いちおう、そういうものとしておきたいと思います。

さて、今日の題に挙げさせていただいた「宗教なき信仰」という表現は、形の上で「信仰のない宗教」を逆にしただけのものですが、意味しようとするものは、少し違う脈絡になります。私なりに、この二つを区別してみます。「信仰のない宗教」は、ある形を大事にするもので、その形が本来意味している事柄を思想信条的な言葉によって表現するのを嫌うというか避けるというか関心を持たないようなあり方、であるといえるでしょう。たとえば、初詣に行くある人が、正月だから晴れ着を着て神社仏閣へ行くのであって、別にそこの信者とは思っていない、というような場合です。神社仏閣側からすれば信者ということになりますが、それには関心を払わないようなあり方です。

そして、「宗教のない信仰」は、それとは逆に、内面的な思想信条を大事にして、それを形に表すことを嫌う、特に、伝統的な形式によってそれを表現することに対して過敏ともいえる否定的な反応をするようなあり方、といえるのではないかと思います。

このような「宗教のない信仰」という言葉が表現しようとするのは、いわゆる現代的な状況における宗教の問題です。広く近代的なあり方と言った方がいいかもしれませんが、いわゆる内面的な信仰、具体的な宗教組織・教団などとは離れたところで、信仰が内面的に求められるようなあり方を意味する言葉として「宗教のない信仰」という表現が使われます。柳川先生も「宗教のないキリスト教 religiuosless Christianity」という言葉を紹介されていますし、この「宗教のないキリスト教」という表現も柳川先生が作られた言葉ではなく、そのようなことがよく語られているのです。

現代的な状況は、このような逆説的といいますか、ひねった表現でなければうまく言い表せないような問題になってしまっているのです。現代は、宗教と宗教でないものとの区別が非常に見えにくい、何を宗教といってよいのか、互いに共通の言葉が見つけにくい、というのが実状ではないでしょうか。

近代的な人間にとって宗教という事柄は否定的な価値評価がなされる場合が多くなります。たとえば、日本社会では、冠婚葬祭などから始まって入学式、卒業式、オリンピック選手団の結団式、解散式などなど種々さまざまな式典が好まれます。

一方で、そんな形式など意味がない、大事なのは中身だ、ということがよく語られます。そのような脈絡と同じ仕方で、壮大な建築や僧侶・聖職者集団などを有する宗教に対比されるようなものとして内面的な信仰が好んで語られます。書斎や図書館で聖書や経典に親しむ、自分自身の心の中で静かに宗教的な世界に親しむ、というようなあり方が、非常に多く見られます。社会的組織として、また、歴史的な伝統を持つ宗教に対して否定的な評価を下す人でも、このような内面的な宗教性の世界については肯定的な態度を示す場合が多いと思われます。皆さんはどうでしょうか。

もちろん、具体的な形をとっている教団の中にこそ宗教の本当の姿があるのだという考え方もあります。今日はそのことにまで言及すると話が複雑になりますので、それについてはあまり深入りしないでおこうと思います。また、宗教の形も内面的な宗教性も共に否定するような考え方もあります、それについても、今日は、あまり深入りしないでおこうと思います。

さて、「宗教のない信仰」というのは、いわゆる、形にとらわれない内面的な信仰（宗教性、聖なる事柄）への関心、というような理解の仕方だとしておきたいと思います。今日の席は親鸞聖人のお逮夜法要のはずなのに、何も関係がないではないかと思われているかもしれませんが、決してそうではありません。

「宗教のない信仰」が大きな関心がもたれるような現代の状況の中で、親鸞聖人の教えはたいへん大きな存在なのです。親鸞聖人の教えは、『歎異抄』などをその代表として、伝統的な真宗教団の枠組みを越えて、いわゆる親鸞思想として非常に多くの人に関心をもたれています。また、伝統的な教団の立場からの積極的な運動ももちろんありますが、いわゆる伝統的な真宗教団の中において語られ論じられる事柄のかなりの部分が、実際には、この「宗教のない信仰」としての「親鸞思想」だということもできるのではないかと私は思っています。

匿名のキリスト教徒

また、キリスト教徒の人びとからも大きな関心がもたれていることは皆さんもご存知でしょう。多くのキリスト教神学者は、自らのキリスト教信仰にとって現代の状況はたいへん深刻であるという大きな危機感をもっておられますが、そのような中で、たとえば、自らの信仰とはまったく異なるものである仏教でありながら、どこかに共通点を感じることのできる親鸞聖人の思想に大きな関心が寄せられるのです。

ここでは、そのような脈絡の中で使われることもあるような「宗教は不信仰である」という表現と「匿名《とくめい》のキリスト教徒」という表現について、少しばかりお話させていただこうと思います。わかりにくい表現を持ち出して恐縮です。ちょっと耳なれない表現ですが、どちらも、二十世紀を代表するキリスト教神学者の有名な言葉というか、考えを表すものです。

「宗教は不信仰である」あるいは「不信仰としての宗教」という表現は、カール・バルトというプロテスタントの神学者に由来します。また、「匿名のキリスト教徒」というのは、カール・ラーナーというローマ・カトリックの神学者に由来しています。「宗教は不信仰である」という表現も「匿名のキリスト教徒」という表現も非常に刺激的なもので、大きな話題になったものです。

カール・ラーナーの言葉として有名な「匿名のキリスト者」は、異教徒、異なる宗教の信者も潜在的にはキリスト教徒としての可能性をもっている、という意味です。このような表現は、二十世紀の後半になって、ローマ・カトリック教会の姿勢が異教徒や信仰・宗教をもたないような人びとと対話をしようとするものに変わってきたところに、出てきたものです。異教徒の存在をまじめに考えようとする開かれた誠実な態度と理解するべきか、今までのやり方では教えが弘められなくなったので物わかりのよい姿勢をとっているだけにすぎない、という否定的な見方もあります。その評価は分かれますので、深入りしません。

しかし、このような発想は、先ほど述べた日本社会の「信仰のない宗教」の問題と少し関係してきます。日本社会で、結婚式を教会で挙げたいという人が少なからずいます。ホテルなどの結婚式場の宣伝パンフレットなどには必ずといっていいほど、ウェディングドレスとチャペルのイメージが描かれています。さらに、それがヨーロッパ世界などへの関心と結びついて、ヨーロッパなど海外でのキリスト教教会で結婚式を挙げたい、という人がいます。多くの場合、これらの人はキリスト教の信者ではないようです。もちろん、信者の人もいますが、そのような人の場合はここでの話題から除かれます。

一九九二年二月十六日の産経新聞に「教会ブームで神父さんもダウン」という記事が載っていました。「映画のヒロインみたい」というようなイベント感覚での教会挙式へのあこがれ組が殺到して、神父さんが過労で倒れた、という主旨の記事です。「教会での挙式は未信者の人にも教会活動に触れてもらう機会の一つ」だという教会側の対応も限界にきているというものです。

同じ主旨の記事が九二年三月十七日の中外日報という新聞にもありました。フランスの教会では、「なぜ日本人は信者でもないのにカトリック教会での式を望むのか」と不思議に思い、日本の教会へ問い合わせてきました。このような問い合わせに対して、日本カトリック中央協議会が、フランス・カトリック司教協議会へ、「日本では特例として未（非）信者がカトリック教会で結婚式を挙げることを認めている、フランスの教会でも福音宣教

（信者をふやす）の見地から『前向きの対応』をお願いしたい」という回答書を送った、というものです。

キリスト教の立場からは、信者ではない人の求めに応じて教会での結婚式を認めるのは、キリスト教に触れることで将来いつかキリスト教の教えに出会ってくれるかもしれない、という考えからです。

信者でない日本人がどうして教会での式を望むのか、その意識をどのように理解すべきかの問題は柳川先生の宗教学の問題でもありますが、ここでは、それに深入りせず、キリスト教会の行動と発想の仕方に注目してください。

二十世紀は、いわゆる世俗化が非常に進んでいます。宗教離れの現象も極めて広範囲に見られます。「宗教のない信仰」が種々語られます。そのような状況の中で、信仰から離れて行く人、信仰に関心をもたない人、また、異なる信仰をもつ人などと、どのように対話をしていけばよいのか、そのような問題意識がたいへん大きくなってきています。先ほど挙げた「匿名のキリスト者」という発想は、実は、このような状況を背景として出てきているのです。

エキュメニズム

皆さんは、エキュメニズムという言葉を聞かれたことがありますか。「現代はエキュメニカルな時代である」というような表現に出会われたことがあるかもしれません。キリスト教の教会が歴史的に、いわゆる分裂して種々の教会の流れがあることは周知の通りです。そのような現実の姿を前にして、本来的な「一つの教会」「世界教会」を求めようとする運動がエキュメニズムと呼ばれます。

プロテスタントの各派の流れが対話を始めて、二十世紀の初頭頃から徐々に大きな運動になってきました。一九四八年に、「世界教会協議会」World Council of Churches,WCCという組織が、ルター派教会、改革派教会、英国教会等のプロテスタントと正教会（ギリシア正教、ロシア正教等々）などによって作られました。そして、また、このようなエキュメニズム運動の中では、他の宗教、たとえば、ユダヤ教やイスラム、仏教などとの対話への関心も大きくなってきました。

一方、ローマ・カトリック教会の側は、常に一つの組織としての行動が前提になっていますので、形が整えられるのは少し後になりましたが、一九六二〜六五年に第二バチカン公会議が開かれてからは、カトリック以外のキリスト教会やキリスト教以外の宗教との対話に関して、むしろ、カトリック教会の方が積極的・多面的ともいえる面が見られます。カトリック教会の二十世紀後半における大きな変化を生み出した神学的な流れの中で指導的な神学者として活躍したのがカール・ラーナーです。そこでの、いわばキャッチフレーズが「匿名のキリスト教徒」というわけです。

キリスト教の枠組みの中では、プロテスタントや正教会などとの何百年にもわたる神学論争を振り返りながら、対話を進める一方、ユダヤ教やイスラムなど同質の唯一神を信じながらも、神と人間との関係の理解についての異なる信仰をもつ人たちとも対話を進める。そして、仏教徒などのまったく異なる信仰でありながらも深い宗教性（キリスト教では霊性スピリチュアリティといわれます）をもつ人びととの対話を進める、また、無神論者、無宗教を標榜する人びととも対話をしようとします。

そのようなときの手がかりとして「匿名のキリスト教徒」が語られたのです。評価はいろいろですので、深入りできませんが、ともかくも、現代における「宗教なき信仰」の関心と通じるものがあります。

バルト神学と親鸞思想

また、カール・バルトの「宗教は不信仰である」「不信仰としての宗教」という表現も、二十世紀における宗教を巡る状況と、さらに、日本における浄土教の展開、法然上人や親鸞聖人の念仏理解とキリスト教信仰の類似性の問題を論じているところで語られるものですので、持ち出した次第です。ただ、「不信仰としての宗教」という表現は、「宗教」「信仰」という言葉が特定の脈絡で用いられるところで初めて意味をなすので、気をつける必要があります。

ここで「不信仰」といわれるのは、キリスト教信仰の本来のあり方を見ていない、という意味です。そして、何がそのような「不信仰としての宗教」といわれるのかというと、十九世紀以来の種々の科学が成立・展開してきた中で、キリスト教も多くの宗教の一つとしての宗教であるという理解が成立しました。あるいは、進化論的な考え方や、科学的な歴史研究の成果として、キリスト教の聖書の述べることが絶対的だといえなくなったので、まず、誰もが納得できる人間性の立場から話を始め、そこに、宗教性がある、その中でも、キリスト教は特に進んだ発展した宗教である、というような脈絡でキリスト教を説明する仕方が説得力をもってきました。また、キリスト教の成立の時点、イエスの宗教、あるいは、弟子たち使徒たちの信仰が純粋なもので、後に大きな教団を形成したのは、むしろ、不純な要素が含まれているのだ、というような考え方も出てきました。

バルトは別にこのような考えに直接反対しているのではなく、そのような考え方がいわば自明のものになったような二十世紀の状況において、キリスト教の信仰というのは、そのような普遍化されたものでは決してないのだ、という逆説的な主張をしているのです。批判されていることへの反論にも意味があるのですが、二十世紀の状況は、かくも「独善的・排他的」に見える方法でなければキリスト教信仰の真理性が勝てない、という深刻なものだという一面を表している考え方だと思います。

また、それとは少し違う脈絡ですが、カール・バルトは法然上人や親鸞聖人の念仏の教えは、ただ一つの事柄を除けばキリスト教と同じく「真の宗教」であるといいます。ただ一つの異なる点は「イエス・キリスト」という名前がない、というところだといいます。ここでバルトの言う「イエス・キリスト」という名前とは、「イエスがキリストに他ならない」という信仰告白をする主体において成立しているような事柄の表現という意味です。

お念仏の教えで「名号」といわれる事柄にたいへんよく似ています。私が称える念仏、阿弥陀仏の名前は、同時に、また、阿弥陀仏からの用《はたら》きでもある、という、議論としては複雑になってしまうけれども、信、信仰の事柄としては極めて具体的な問題である「お名号」の事柄です。

バルトが主張する「異なる」点は、キリスト教信仰にいう「歴史性」がないというところです。キリスト教信仰の歴史性というのは、あの歴史的人物であるイエスが救い主キリストに他ならない、というものです。浄土教における法蔵菩薩と阿弥陀仏の関係は、このようなイエスとキリストとの関係ではありませんし、末法の世における私にとっては本願しかない、というところでの歴史性とは意味がかなり違いますので、互いに、その違いを強調しても水掛け論になります。ただ、バルトは、直接的な信仰の違いを超えて、「真の宗教」の問題を深く考えているので、大いに学ぶ価値のあるものだと思われます。

以上、「宗教のない信仰」という題で、「宗教」や「信仰」という言葉のさまざまな意味を組み合わせた難しい思弁的な話になってしまい恐縮です。ただ、今日の二十世紀は、今までの宗教のあり方が根本的に考え直されなければならない状況にあるということを一緒に考えたかったという主旨をご理解いただければ有難いと思います。

Ⅳ

龍谷大学大宮学舎本館

課題としての還相廻向

はじめに

「還相廻向《げんそうえこう》」は、真宗・親鸞思想に関心をもつ人びとの世界で、昨今「往生」や「浄土」などと並んで注目される概念（課題）であるが、真宗・親鸞思想の独自な立場を表現する概念の中でも非常に〈わかりにくい〉ものではないだろうか。壮大な教理論争に飛び込む力量と勇気はないが、「肩の力を抜いて」書くようにとの励ましを頼りに、周辺部分での素朴な愚問を少しばかり出させていただいて、ご教示を請うことにしたい。

ている。

土着化の問題

〈他力本願〉という表現が存在する。また、それが使われる際に真宗の文脈を正しく理解されていない〈誤用〉だと指摘されることもある。この問題について私は次のように考えている。

ある宗教に独自な概念が、その宗教の文脈を離れて別の意味で用いられることは別に珍しいことではない。たとえば、〈……はスポーツ界の総本山〉〈新入社員は……の洗礼を受ける〉〈重い十字架を背負って……〉〈ここは……愛好家のメッカ〉などである。これらの表現に対しては、誰も仏教やキリスト教、イスラムの信仰の文脈の話だとは思わない。また、信仰熱心なクリスチャンやイスラム教徒もその用法に対して別に論難しないだろう。

それと同じで、自分は何もせずに（あるいは、できない状況での）他人まかせ、という意味での〈他力本願〉という表現と、真宗の文脈における、阿弥陀仏・如来のはたらき、という意味の「本願他力」とは（本願や他力という言葉は同じでも）内実は互いに異なるものである。往生や成仏という概念に関しても、同様である。〈立ち往生する〉という表現や、命終《みようじゆう》した人をホトケと呼び〈迷わずジョウブツして……〉という表現などを想起すれば、日常語な（非仏教的）文脈と仏教的な文脈の共存が指摘できるだろう。

もっとも、この問題は、言葉のもつ微妙な二面性の問題、つまり、すでに定着した意味として妥当性を有する側面と、それ自体が常に変遷（新たな意味の獲得）の可能性の中にあるという側面の問題でもある。だから、簡単には結論づけられないだろうが、ともかくも、ここでは、日常的な（通俗化した）意味と、（本来的な）宗教的意味との相対的な二つの文脈が共存しているという事実性に注目したいのである。そして、このような非仏教的・非真宗的な日常的文脈の存在を、本願他力・往生・成仏などの仏教（真宗）本来の意味が〈通俗化して誤用される〉ほどに人びとの血となり肉となって〈土着化〉した証《あかし》の一つとして理解したいのである。

もっとも、ここでの関心は、他人まかせの意味で〈他力本願〉を用いる人の権利と、他人まかせという意味の他力本願は真宗的な他力概念の誤解・誤用であると主張する権利との双方を吟味することではない。そうではなくて、「還相廻向」という概念に関しては、転義的な用法・〈誤用〉すら見いだされないのではないか、ということに注目したいだけである。日常用語の文脈が見いだされるなら、それを転義的な用法・〈誤用〉と指摘する議論の中で、おのずと〈本来の〉意味に言及することができる。そうして、その意味に対する個々人の態度決定の問題として種々の可能性を論じることができるのである。

ところが、「還相廻向」という表現には、往生や成仏、他力などの概念とは異なり、それらにおけるような一応の二つの文脈に相当するものがほとんど見いだされない。それどころか、真宗・仏教に関心の薄い人には読み方すら知られていないだろう（還相かんそう？？　廻向かいこう？？　ただ〈エコウする〉という言葉はよく知られている）。日常的な〈本来の意味の転用・〈誤用〉的な〉文脈は存在せず、もっぱら真宗の教学的文脈の議論、および、それに準じ対応する〈哲学的な〉議論が見いだされるだけである。そして、親鸞の体験論理を巡って、〈伝統的な〉解釈（方法論）と〈哲学的な〉解釈（方法論）とが火花を散らしているのである。

ただ、伝統的な解釈と哲学的な解釈という表現だけでは言葉が足りないであろう。そのような二通りの解釈が並び存しているというのではない。歴史的な真宗教団の中核を担ってきた従来からの理解を伝統的と呼び、それ以外の諸可能性をとりあえず哲学的と総称するだけである。

もっとも、「還相」や「名号《みようごう》」の語に関して、広義の宗教的根源性・他者性（の顕現）

を意味する用法は存在しているといってもいいかもしれない。「名号」という表現や「神の言《ことば》」という用語が、真宗やキリスト教における教理的文脈から少し離れてヒエロファニー〈聖なるものの顕現〉という意味に即した形で哲学的・宗教学的な概念として使われる場合がある。

大乗仏教や真宗・親鸞、キリスト教などに関わる比較思想的な関心の持ち主に限られるかもしれないが、〈初めに言《ことば》があった……言が肉になった〉というヨハネ伝福音書の思想や大乗仏教的な法身仏《ほっしんぶつ》・報身仏《ほうじんぶつ》などの思想などが、〈根源的なるもの（ロゴス・言葉）の顕現〉というヒエロファニーとして理解される。それが一般的な形で〈名号（性）〉と表現されることもある。「神の言」や「名号」の語が仏教・真宗やキリスト教の教理上の独自な文脈から少し離れて（独自な意味が薄められて）、宗教学的または宗教哲学的な一般的概念として使われる場合である。それと同じで、「還相」も〈彼方からこちらへ〉という〈還《かえ》る相〉の側面が宗教的な他者性・他者からのはたらきとして理解される。「みょうごう」や「げんそう」が哲学思想上の概念として使われ始めているといえるのかもしれない。

そのような場合でも、「名号」という表現はそれなりの市民権を得ているかもしれないが、「還相廻向」という表現は極めて未成熟なままであろう。ちょうど、キリスト教（神学）の用語の場合、神（の言《ことば》）・キリスト（救い主、メシア）などの語は一般的に認知されたといえても、「聖霊《せいれい》」という概念はそうでないのと同じであろう。

キリスト教信仰には、古典的な教義の三位一体論《さんみいったいろん》（父・子・聖霊）にあるように、重要な要素が三つある。前二者、つまり、超越的で唯一の創造主、救い主などの意味での神という概念は、日本語でもそれなりのイメージが見いだせるだろうが、第三の聖霊（信仰生活、教会活動を具体的に根拠づけている要素）という概念は何を手がかりとしてアプローチしてよいのか当惑するだけなのが実状ではないだろうか。

元来、仏教（真宗）にとっては、（キリスト教の聖霊に限らず）霊《れい》という概念・事柄は、最も疎遠で馴染みの薄いものである。仏教における宗教的な生活、信心の生活の〈満たされた〉姿を表現する際には、慈《じ》・悲《ひ》などの概念が中心であり、霊ではない。また、〈還ってくる〉ということが特に強調されることもないといえよう。このように、日常的な言語世界の中に〈往き還る〉に対応する意味が見いだしにくいという状況で、〈本来、真宗的な信心の生活を具体的に根拠づけているはずの〉「還相廻向」を考えようとするのは非常に困難である。

そもそも「還相廻向」というのは、単にこの一語を巡る問題ではない。むしろ、真宗・親鸞思想の独自な内容を表現する一連の概念体系そのものの問題である。ところが、「還相廻向」を考えようとすると、その文字からも〈往き還る〉という意味に注目しすぎることになってしまう。そして、〈往き還る〉イメージが日常語にないから、その宗教性を〈わかりやすく〉理解するための手がかりすら見いだせないのである。その結果、還相廻向の成り立つ概念体系の定義に関わる議論か、哲学的な一般化された個々人の概念による議論か、いずれかの可能性しか手元に残らないことになってしまうのである。

課題としての還相廻向

周知の通り、変化、回転、転換を意味するインドの言葉が「廻向」と漢訳された。仏教では、自己の善行の結果である功徳を他に「廻、めぐらし。向、むける」という意味である。

大乗仏教では廻向を受ける対象が一切衆生に拡大され、さらに、浄土教、中国の曇鸞《どんらん》においで、功徳を一切衆生に振り向けて共に往生せんとするのが往相廻向、一たび浄土に往生した人が、そこに留まることなく輪廻《りんね》の世界にもどって一切衆生を浄土に向わしめるのが還相廻向とされる。

親鸞は、それをうけながら、さらに、往相・還相ともに廻向の主体は阿弥陀仏であるとする。そして、「謹《つつし》んで浄土真宗を按《あん》ずるに二種の廻向あり。一つには往相、二つには還相なり」(『教行信証』「教巻」冒頭部)と言われるように、往相廻向・還相廻向によって、浄土真宗の救済の体系性を表現する概念として用いられる。

親鸞においては、曇鸞の場合のように、菩薩が仏道を求め歩む際の自利《じり》・利他《りた》の行(他力の廻向)のみにとどまらず、教《きょう》・行《ぎょう》・信《しん》・証《しょう》の体系性そのものを理解するキーワードに高められ、深められている。そして、衆生の行為である行や信が、同時に、如来の本願力としての他力のはたらき(大行《だいぎょう》・大信《だいしん》)に他ならない、という教理構造(行信論《ぎょうしんろん》)と不可分の文脈において往相廻向・還相廻向の概念が理解されるのである。

真宗・親鸞思想における出発点は「本願を信じ念仏を申さば仏になる」(『歎異抄』第十二章)であり、非常にわかりやすいはずなのに、教学的な議論はたいへん〈わかりにくい〉とよくいわれる。何故わかりにくいのか、それは、本質的に体験(信の深まり)の問題であり、なかなか深いところまで(私が)達することができないからであるが、他方、われわれにとっての日常的な言葉と真宗・親鸞思想の独自な文脈とを媒介する回路が見いだしにくい、からでもあろう。

「還相廻向」がわかりにくいのは、幾重にも深められた廻向概念の意味が必ずしも日常語にまで土着化していないからである。特に、〈浄土から還《かえ》る〉のは、概念的な定義として〈浄土へ往き生まれ〉て後に、である。そこで前提されている浄土・往生の概念が持つわかりにくさが加わる分だけ、還相廻向はよりいっそうわかりにくい、ことになってしまう。

現代のわれわれにとって比較的わかりやすいのは、念仏や信心を私という主体に即して理解することや、そのような主体的行為を客体的（社会的）文脈の中に位置づけることなどであろう。また、往生・浄土などの概念を、一般的な宗教現象の中の一つの他界観念として説明することなどもわかりやすいものであろう。ところが、〈浄土へ往き生まれて後、還る〉という事柄は、これらの要素が結びつき一体となったものであるがゆえに、たいへんわかりにくくなってしまうのではないだろうか。

個と普遍という哲学的概念を援用すれば、〈往き生まれる〉ことは、個（個々人の信・行・念仏）に関わる要素も少なくないから「私」に即しても比較的論じやすい。しかし、〈還る相〉は、主に普遍的な事柄（宗教的世界からの個へのはたらきかけ）なので、個

（この私ではもちろんないが、篤信の人であってもその個人的な部分）を手がかりとして語ることが（誤りとなるゆえ）できないから、論じにくいのでる。

〈浄土から還る〉だけではあまりにもわかりにくいので、しばしば妙好人《みょうこうにん》と呼ばれる方などの〈信心の姿〉に即しての理解が試みられる。（篤信者の）信心の姿は、貴く利他行を体現しているといえるからである。信心の姿が〈浄土から還って衆生済度《さいど》する利他行〉である、というのは「大心海より化してこそ善導和尚とおはしけれ」「智慧光のちからより本師源空あらはれて」「阿弥陀如来化してこそ本師源空としめしけれ」などの和讃の言葉から理解される。親鸞聖人にとっては法然上人や善導大師は如来の化身《けしん》（還相の菩薩）に他ならない。

「還相廻向」の概念が親鸞聖人や法然上人、善導大師などに即して用いられる場合には、とてもわかりやすい。また、韋提希夫人《いだいけぶにん》や阿闍世《あじゃせ》太子《たいし》が権仮《ごんけ》の存在だということも教えとしてわかりやすい。ところが、いざ「私」という存在に関わるところで考えようとすると、どのように受けとめればよいのかが〈わかりにくい〉のである。

　妙好人と呼ばれる方の生涯（生活）は、たしかに身近なものである。身近でありつつ、同時に、その信心の姿がこの上もなくすばらしい人である。お説教に聞く妙好人の信心の姿は〈還相の姿〉を理解する上で最も範とすることのできるものであろう。信心の姿と〈還相の姿〉を二重写しで考えると確かに〈わかりやすい〉のである。

ただ、信心の生活が慈悲に照らされ育まれている（現生における常行大悲《じょうぎょうだいひ》の益《やく》）ということと、浄土から還って来て衆生済度のはたらきをする還相廻向の姿を取り違えてはいけない、という大事な教えがある。この世（現生）において悟ることはできない、仏果を得ることはできない、という凡夫の自覚は浄土門の教えの出発点である。現生においては信心において往生が定まるという現生正定聚の教えと、浄土から還って衆生済度をするという還相廻向の教えとは（それぞれの概念定義ゆえに）一つにしてしまうことはできないのである。

「還相廻向」は、やはり、わかりにくいままであるが、「利他行」の側面に即して考えてみよう。利他行とはいったいどのような事柄なのだろうか。

従来から、たとえば、教育、福祉事業などに関わっておられる仏教団体は多い。利他行の具体的な姿として貴いものである。利他的行為、他者を助けるということの例を想起してみよう。

たとえば、地球規模での援助活動がある。また、電車やバスの中で席を譲るということがある。しかし、純粋に他者のため、ということが成立していない（しにくい）場合もある。

国際的な援助活動は政治的文脈や経済活動の文脈と一体のものでもあり、政治的社会的な利害の対立に直面していることも多く、「利他的行為」（が事実として成立し機能すること）はなかなか困難だともいわれる。また、（日本社会での）席譲りの場合、基本的に利他的行為ではあるが、その際の他者は顔見知り（仲間、知り合い）を意味しているのであり、「あかの他人」に対しては冷たい、とよくいわれる。日本社会での「利他的行為」の困難さを象徴する事例でもある。（もちろん、日本社会には「情けは他人《ひと》のためならず」という自利・利他を一体化した美風もあるので、捨てたものではない。ただ、この諺《ことわざ》も〈情けをかけるとその人のタメにならないからヤメタほうがよい〉と理解される場合もあるらしいので、要注意ではあるが……。）

生死の問題

還相廻向と利他的行為との距離も縮まっていないと思われるが、「浄土から還る（還相廻向)」にとって〈わかりにくい〉もう一つの課題は、個々人の身体的生死の問題と宗教的な絶対的転換(信心獲得、転迷開悟など)との関係であるといえるだろう。「浄土真宗には、今生《こんじょう》に本願を信じて、かの土にしてさとりをばひらくとならひ候ぞ」(『歎異抄』第十五章)と言われるように、浄土門の教えは、今のこの世(末法五濁悪世《まっぽうごじょくあくせ》)において証《しょう》・悟りを得ることはできない、まず浄土に往生してからである、というのが基本的な前提である。また、「臨終の一念《いちねん》の夕べ、大般涅槃《だいはつねはん》を超勝《ちょうしょう》す」るとの表現にもあるように、個々人の身体的生死に関わる時間的順序性と、信心獲得・往生・成仏などの宗教的な体験に内在している固有の時間と論理の順序性が、一体となって(重なって)理解されてきている。

ところが、現在の私たちにとっては、そのような論理の可能性だけではなく、身体的な死にとらわれずに(あるいは明白に区別して)宗教的な死・絶対死を主題とするような諸思想(たとえば実存哲学など)の可能性も与えられている。また、生理的身体的な死と宗教的体験としての死が、事柄として極端に二分されてしまっているという現代的状況がある。一方で、脳死・心臓死と臓器移植、人工授精や遺伝子操作など生理的身体的な生死が技術の支配下に置かれてしまい、他方で、自己の主体性(実存)の事柄、体験の深みの事柄として宗教的な生死が語られる。後者に即しては、かろうじて浄土・往生・還相廻向などと語られるかもしれない。しかし、前者の文脈（生理的な生命の定義すら見えにくい状況）においては、〈浄土へ往き生まれ、還って衆生済度する〉という一連の概念体系によって表現されてきた事柄に対して、理解の手がかりすら見いだしにくいのではないだろうか。

明治以来の日本社会での文化的経験として、西洋思想の諸概念を主な手がかりとして仏教を理解し表現することが試み続けられている。

西洋の哲学的思索（特にヘーゲル、ハイデッガー）に育まれた仏教・親鸞理解を代表するものに、武内義範著『教行信証の哲学』（隆文館刊。法藏館より復刊）『親鸞と現代』（中公新書）という名著がある。後者において明確に語られる「将来する浄土」に象徴されるような、時間的（歴史的）存在としての人間の体験の側面から信をダイナミックに理解する親鸞論である。『教行信証の哲学』は、「三願転入」を親鸞思想の要をなす体系性の事柄として理解しようとする視点からの著作（思惟）である。その特徴は、第十九願から第二十願、そして第十八願へという転入を信の諸形態の論理的な体系性という視点からだけではなく、特に、第二十願から第十八願への転入に体験としての反復性が存することを指摘するところにある。第二十願と第十八願との間には論理的には質的な飛躍があり、非連続が見られるが、信という体験の問題としては絶えざる反復が存するといわれる。そこにおける信の体験のダイナミズムが『親鸞と現代』では「将来する浄土」に即して語られている（将来する浄土と還相の関係は今後の課題である）。

私たちにとって、ともかくも〈わかっている〉のは、生理的身体的な生死が技術の支配下にあるということ、（宗教学的あるいは哲学的な）主体性の事柄・深みの次元での体験の問題、そして、（仏教・真宗の）教理的な構造を表現する概念の体系性、である。それぞれを主題としてなら、ともかくも、語ることができるだろう。しかしながら、それらを一つのものとして統合的に語る視点は見いだしにくいのではないだろうか。少なくとも私自身は見いだせないままにとどまっている。

還相廻向は、浄土・往生以上に困難な課題であり続けているのである。

浄土真宗にとって儀礼とは？

1　浄土真宗に儀礼はない？

親鸞聖人の仏道理解の流れを汲む浄土真宗において、形を整えて行う事柄は、いずれも、仏徳讃嘆であり、報恩謝徳の意味をもっています。お念仏を称えることは、阿弥陀如来の本願の用《はたら》きをいただくことにほかならず、凡夫にとっての仏道修行の階梯を意味するものではないからです。また、「門徒もの［忌《い》み］しらず」という表現が流布しているように、浄土真宗の教えによれば、「精進潔斎《しょうじんけっさい》」のような手順を踏んだ形式というものに、特別な宗教的意味を見いだしません。そのようなところから、浄土真宗における法要などの各種儀式は、「儀礼ではない」と理解されてきます。たしかに、特別な宗教的意味づけのある

――浄土仏教においては「往生」「成仏」に関わる――「儀礼」ではありません。

基本的な事柄は、そうなのですが、浄土真宗において大切にされている「かたち」もたくさん見いだされます。ご本尊が安置される本堂において、また、お内仏の前でおごそかに経典が読誦され、正信偈・和讃が唱和されます。そこには、たしかに、真宗門徒に特有の「かたち」があります。第三者の視点からは、「それが、真宗の儀礼」ともいわれるのですが、そのような「かたち」、つまり、浄土真宗における一定の「かたち」を持った表現形態は、はたして、「宗教儀礼」であるのかどうか、ことはそう簡単でもなさそうです。浄土真宗にとって、「儀礼」というものは、いったい、どのような事柄なのか、少しばかり、考えてみたいと思います。

2　「信心」の現れる姿が「浄土真宗における儀礼」

宗教における儀礼は、形で表すものというよりは、形に現れる事柄に他なりません。浄土真宗の「ご信心」のあるところでは自然に手が合わされます。お念仏が口からこぼれてきます。隣にいる人の目には見えない「内なる合掌」かもしれません。隣の人の耳には聞こえない「内なる称名」かもしれません。隣の人に聞こえても聞こえなくても、見えても見えなくても、信心は合掌となり、お念仏となります。信心は、どのような形であるにせよ——心の内での称名念仏や、報恩感謝の言葉、あるいは、おごそかな荘厳、厳粛な儀式であるにせよ——形になって現れないということはないのです。真実というものは、おのずから、その姿を顕わすものです。そのように、信心がおのずから形になって現れるさまを浄土真宗における儀礼と理解することができます。信心を離れて儀礼はありません。手が合わされ、お念仏が声となってくる、そこに見られる形、つまり、信心が形となって現れている姿こそが、浄土真宗における儀礼に他なりません。そして、そのような信心の事柄を言葉、概念で説明しようとすると、それは「教義」とよばれるものになります。しかし、教義と儀礼は、別々に、あるものではありません。信心とその現れが不可分で一体であるように、教義と儀礼も、本来、不可分で一体的なものに他なりません。

3　かたちとこころ

「儀礼」とは、一般的に、第三者が見て取れるような「かたち」、そこに宗教的な意味が見られる一定の活動形式、形で表される事柄をいいます。「かたちとこころ」という表現からは、「かたち＝入れ物、外枠、形式」「こころ＝中に入っているもの、内容、内面・内心のもの」とも理解されます。また、形と内容は、別々の事柄と受け取られることもあります。たしかに、そのような事柄もあるわけです。

そして、「儀礼」という表現は、そのような場合の「かたち、形式」に当たるものと理解されることも、しばしばあります。儀礼的＝形式的（内容はともかくも外面的な形を取り繕《つくろ》う）と理解されることもありますし、その延長線上には、「虚礼」というような意味も見いだされたりします。つまり、内容（内なる事柄、当事者の主観的・主体的な意味づけ）から離れたような外面的な形が「儀礼」と理解される場合です。一定の形通りに事を運べば「儀礼」は成立するので、形だけの行為、内容が伴っていない（まごころがこもっていない）形というものも確かに存在します。宗教に関する場合、信仰・内容となるこころを伴わないような「かたち」（儀礼）が、そのような非難めいた文脈で理解されることも少なくありません。

また、形のありようによって内容が異なることもあります。葬儀を営む、礼拝をする、お勤めをする、等々の行動は、第三者から見て、その宗教の「儀礼」ですが、それらは、どのような宗教においても見られるものです。その「形」の意義づけは当事者たちによって各々異なります。たとえば、礼拝にしても、十字を切る行為は、キリスト教徒の儀礼（礼拝・れいはい）と理解されます。数珠を持って拝めば仏教徒の儀礼（礼拝・らいはい）と理解されます。儀礼は、他宗教と区別できる特徴でもあるわけです。

念仏を称えるという同じ形であっても、仏教の種々の流れに即しても理解されます。たとえば、行住坐臥《ぎょうじゅうざが》、いつでもどこでも念仏を称える姿は、真宗的なものといえるでしょう。ただ、常行三昧《じょうぎょうざんまい》堂での念仏や、百万遍念仏のように、巨大な数珠を繰りながら念仏する姿は真宗的な意義づけとは異なったものといえるかもしれません。

「正信偈の唱和」は、浄土真宗――真宗門徒――だけが行う「形のある表現」であるように、真宗寺院で営まれる各種の法要や葬儀等は、浄土真宗的に意味づけられた限りで、「浄土真宗の儀礼」です。「正信偈の唱和」や「報恩講」等は――いつ頃からそのような形が整ったのか、という歴史学的な吟味はともかくも――長い歴史の中で部外者から見ても「浄土真宗・真宗門徒」の特徴として理解されてきています。

4　信心と荘厳

浄土真宗においては、特別な形を整えて行動する際に、その根本に「ご信心――お念仏のこころ――」があることはいうまでもありません。本堂に関して、各宗派によって各々伝統的な形態が異なります。

浄土真宗においては、外見は、時代により様式も異なりますが、阿弥陀仏が正面に安置され、右側に御開山の像が、左側に歴代の善知識の像が、さらに、七高僧と聖徳太子の像が奉安されているという形が伝統的なものでしょう。像には、絵像もあれば、木像もあります。形にとらわれる必要はないでしょう。また、御名号には、「南無阿弥陀仏」という六字（「南無不可思議光如来」の九字、「帰命尽十方無碍光如来」の十字など）のものがあります。視覚的にどのような姿であっても、また、素材的にどのような物であっても、いずれも、阿弥陀如来からの呼び声、本願のはたらきとしての「南無阿弥陀仏」の姿に他なりません。

私たちは、ご本尊の前にお花を飾る、等々によって「かたち」を整えます。本堂やお内仏には、昔から受け継がれてきている一定の「かたち」があります。ご本尊の前に、お花が供えられ、おろうそくの灯がともされている、そのような「かたち」を前にすると、私たちの気持ちには、自然に、「ありがたい」という気持ちが生まれてきます。ご信心があるから、お荘厳が生まれる、また、お荘厳があるから、ご信心が生まれてくるのです。私たち凡夫にとっては、「かたち」も大事なのです。「信は願より生ずる」という御和讃の表現を模して「信は荘厳より」といわれるのも故なきことではありません。

信《しん》は願《がん》より生《しょう》ずれば
念仏成《ねんぶつじょうぶつじ》仏自然《ねん》なり
自然《じねん》はすなはち報土《ほうど》なり
証《しょうだいねはん》大涅槃うたがはず（高僧和讃、『註釈版』五九二頁）

5　儀礼の空間

蓮如上人御遠忌の年には、上人を偲ぶさまざまな催しがありました。ある博物館で、上人が残された「お名号」を展示することが企画されたときの裏話の一つとして、次のようなことを耳にしました。「お名号」が展示されるガラスケースの前に、賽銭箱を置いてはどうか、というものです。「お名号」は本尊なのだから置いた方がよい、いや、博物館で展示するのは、「美術品」だから置く必要はない、という二つの考え方の間で迷われたのです。

ここでは、賽銭箱を置くことが浄土真宗の教えに沿ったものであるのかどうか、という話は別にしておきましょう。日本社会での宗教生活における慣習的なものに、お賽銭を投げ入れて礼拝をする、という形があります。それは、むしろ、「信仰」「礼拝」等のある種の重みのある言葉が指し示す事柄というよりも、反省的・意識的には表現されないような習慣化した形といえるかもしれません。そのような事柄は、〈民俗的な文化〉ともいえるでしょう。

賽銭箱があると、宗派を問うことなしに、「そこは、おまいりする〈手を合わせて頭を下げる〉場所である」と、ごく、自然に理解されています。賽銭箱〈と受け取られるような形の箱〉を置くことで、博物館の中で、「鑑賞の場所」として設定されているはずのガラスケースの前あたりが「礼拝の場所」になるのです。そこに、一種の「儀礼の空間」が出現するのです。儀礼という言葉を使うと重々しくなるかもしれませんが、おごそかな雰囲気をかもし出す建物や、儀式だけが「聖なるものの顕現の場」ではありません。なにげない形であっても、そこで、人が何らかの特別な（おごそかさ、清らかさ、すがすがしさ、等の）気持ちを自然にもってしまうような場が「儀礼の空間」なのです。

6　儀礼と言葉・時間

各種法要では、浄土三部経が読誦されます。仏教（浄土真宗）の教えに即していえば、もちろん、経典は釈尊の説法です。私たちが、「経典を読誦する」のは、「釈尊の説法に耳を傾ける（聴聞する）」ことに他なりません。ただ、一般的には、「経典の音読では意味がわからない、しかし、それは、特別に有難いことである」と理解されることも少なくありません。葬儀を思い浮かべてみましょう。葬儀において、経典の読誦されている時間が焼香する時である、と理解されているのも事実です。独特の経典読誦の「音声」は、葬儀（儀礼）に欠かせない「ことば」でもあります。

「正信偈の唱和」についても、同じようなことがいえるでしょう。日々、折に触れての

「正信偈」であっても、また、報恩講においてであっても、一人で「おつとめ」しても、大勢で「おつとめ」しても、「おつとめ」している間――特別な形に従って音声を発している、特別な音声が耳に聞こえてくる間――は、「有難い」事柄に抱かれている・参与していると実感されます。そこには、特別な事柄としての「儀礼の時間」があり、「儀礼の空間」があります。そして、それはまた、「儀礼としてのことば」と共にあり、「儀礼としてのことば」の中にある、という事柄に他なりません。

私たちは「お念仏」を称えます。ナモアミダブツ、ナムアミダブツ、ナンマンダブ、ナマンダブ等々、実際に、耳に聞こえてくる音声にはいろいろありますが、「南無阿弥陀仏」と「阿弥陀仏の名を称える（名を呼ぶ）」こと、称名念仏です。遠くにいる人にも聞こえる「お念仏」もあれば、自分一人にしか聞こえない「お念仏」、あるいは、音声を発しない仕方での「お念仏」もあります。

隣の人の口、私の口から発している音声であるにもかかわらず、耳に入ってくる音声としての「お念仏」であるのに、それが、如来の呼び声として、釈尊のお勧めとして「聞こえてくる」（そのように受けとめられる）姿が「ご信心」に他なりません。

7 「かたち」――「戒」、末世における真実

ところで、仏教において、仏道を歩むという関心が「かたち」となって現れる根本の姿は、「禅定《ぜんじょう》」であり、「戒《かい》」に他なりません。お釈迦様は禅定により「おさとり」を開かれ、覚者（ブッダ仏陀）となられました。お釈迦様の説法を聞き、私も「おさとり」（四諦、真理）を得たいと思う人が仏教徒です。お釈迦様の教え（八正道）にしたがって「かたち」を整えることが、真理に到る正しい道だからです。

私たちが浄土真宗において聴聞するのは、親鸞聖人が法然上人より聞かれた「お念仏の教え」です。それは、お釈迦様が、この世に現れてお説きくださった説法の真髄としての「阿弥陀仏の本願の教え」に他なりません。

如来所以興出世　唯説弥陀本願海
（如来、世に興出したまふゆゑは、ただ弥陀の本願海を説かんとなり）
（『註釈版』二〇三頁）

親鸞聖人は、「大無量寿経が真実の教えである」と教えてくださいます。お釈迦様がお説きになった説法は、たくさんありますが、その中で、なぜ、「大無量寿経が真実の教え」なのでしょうか。それは、「いまの世」が「末法」だからなのです。「末法」というのは、たしかに、〈嘆かわしく、とても濁った世〉なのですが、お釈迦様の教えにしたがって「行じて証を得る」人がいなくなった世、つまり、「行証かなわぬ」世のことです。「釈尊の教えがあり、それにしたがっての修行がなされ、おさとり証果を得る人がおられる時代」、つまり、教行証がととのっている時代が「正法の時」です。次に、「教と行」はととのっているが、「証」が実現しなくなった時代が「像法の時」です。そして、釈尊の教えにしたがった「行・証」が実現しなくなった時代、「教え」のみが存している時代が「末法」です。

親鸞聖人は、『末法灯明記』を手がかりとして「いま・ここ」の時代が「末法」であることを確かめておられます。そこでは、「持戒・破戒・無戒名字《みょうじ》」が「無価《むげ》の宝」であり「真宝《しんぽう》」であると説かれます（『註釈版』四二二頁）。

ここでは、「持戒・破戒・無戒」という表現に注意しましょう。「行」とは、釈尊の教えにしたがって「かたち」をととのえることです。正しく「かたち」をととのえること（持戒）が仏教徒の理想です。「破戒」というのは、「戒を破ること」です。「戒を破ること」は、実は、「持を保つこと」が正しく見えている人になって初めて可能な事柄です。「破戒」は、とても嘆かわしいことですが、それは、実は、「持戒」の可能性があるところでのみ起こり得ることです。戒が存在しないところでは、戒を破ることはできません。破るものがないからです。「無戒」とは、まもるべき「かたち」すらない、ということに他なりません。

「無戒」という（「破戒」よりもさらに）嘆かわしいあり方しかない者にとって、実は、そのような者にとってこそ、阿弥陀仏の本願が説かれる『大無量寿経』が「真実の教え」としてある、と親鸞聖人はよろこばれます。

ひそかにおもんみれば、聖道《しょうどう》の諸教は行証久しく廃《すた》れ、
浄土の真宗は証道いま盛んなり。（『註釈版』四七一頁）

まもるべき「かたち」もない（無戒）、もはや、僧でもなく俗でもない（非《ひ》僧《そう》非《ひ》俗《ぞく》）「い

ま・ここの私」に、阿弥陀仏の本願が「真実の教え」としてはたらいていてくださる、とよろこばれるのが親鸞聖人のお念仏の理解です。〈浄土真宗には「かたち」がない（儀礼がない）〉というのは、実は、そのような事柄に他なりません。

浄土真宗の歴史、つまり、親鸞聖人のお念仏を親鸞聖人と共によろこぶ先輩の方々の人生の歩みにおいては、さまざまな「かたち」が生まれています。しかし、それは、お念仏をよろこぶ姿のさまざまな「かたち」に他なりません。

「生きる力」の比較宗教学——「異なる」宗教との出会いの中で

1 「世界がもし一〇〇人の村なら[1]」

その村には……三三人がキリスト教、一九人がイスラム教、一三人がヒンドゥー教、六人が仏教を信じています。五人は、木や石など、すべての自然に霊魂があると信じています。二四人は、ほかのさまざまな宗教を信じているか、あるいはなにも信じていません。

最近、インターネットなどを通して知られるようになった「世界がもし一〇〇人の村なら」という短文の一節で、世界の宗教人口の割合が提示されています。宗教人口をどのように数えることができるのか、実は、難問です。そもそも、世界の総人口を数えることの困難さに加えて、「ひとつの」宗教をどのように表現する（特徴づける）か、困難な場合もあります。何かを信じている、つまり、宗教的な行動をし、宗教において人生を歩んでいる人びとはたくさんいるわけですが、その人びとが、どのような「宗教」を信じているとみなすのかということは簡単ではありません。たとえば、日本社会における宗教人口の問題です。

文化庁の『宗教年鑑』(2)によると、仏教系が約九五〇〇万人、神道系が約一億人と報告されていて、日本には、総人口の二倍前後の宗教人口があることになります。多くの人が、「仏教の信者」（檀家）として、また、「神道の信者」（氏子）として重層的に数えられているからです。宗教人口の実態をどう把握するかという問題は、ともかくも、地球世界の民族、言語、宗教、社会文化事情、政治経済事情などの多様性の現実を「世界がもし一〇〇人の村なら」という短文（メール）は語ってくれます。

すべてのエネルギーのうち、二〇人が八〇％を使い、八〇人が二〇％を分けあっています。……村人のうち、一人が大学の教育を受け、二人がコンピューターをもっています。けれど、一四人は文字が読めません。……もしこのメールを読めたなら、この瞬間、あなたの幸せは二倍にも三倍にもなります。なぜならあなたには、あなたのことを思ってこれを送った誰かがいるだけではなく、文字も読めるからです。

2　宗教はコワイもの？　スバラシイもの？

一九九五年三月に東京で起きた「地下鉄サリン事件」や、二〇〇一年九月にニューヨークで起きた「同時多発テロ事件」などによって、「本来、すばらしいものである」はずの宗教が、「何か、わけのわからない、恐ろしいことがらを引き起こす力」と無関係ではないことに関心が高まりました。しかも、「宗教はコワイもの」との否定的な価値評価を持つにいたった人も少なくないでしょう。伝統的な宗教の教え、それは、「本来、すばらしいものである」と理解し、強い期待を持つ人も多いのですが、その教えを体現しているはずの伝統的な教団（の教え、活動）に対して、信頼が揺らいでいるのも事実です。現代の宗教多元社会は、そのように、伝統的な教え（教団）に信頼を持つ人びと、「新たな」宗教運動に道を求める人びと、格別の宗教的信念を持っていない、宗教に関心のない人びとなどが混在している状況といえるでしょう。

世界には、さまざまな宗教があります。ホンモノの宗教もあれば、アブナイ宗教もあります。あまりにも多様な宗教（や宗教らしきもの）があるので、多くの人は「真の宗教、ホンモノの宗教とは何か」との問いを持ってしまいます。宗教的な信は、本質的に「主体的」なもの（個々人の内心のものという意味ではなく、信者にとっての「真理」という意味）なので、信者（その宗教的世界に生きる人びと）の外から本質的にホンモノであるかどうかの判断はできません。それは、文字通り、仏智（神智）に照らされて初めて「真理」といえるものでしょう。ただ、次のようには、いえるでしょう。ある一つの「信」が次々と「何世代にもわたって」多くの人びとが豊かな人生を歩み出し続けているような宗教は「ホンモノ」でしょう。ある時ある「信」が、なぜか、特定の人にだけ通用するような仕方で「閉じられて」しまい、排他的独善的な行動を生み出してしまうようになると、それは、もはや、「ホンモノ」であることが見失われてしまったといえるでしょう。

なぜ、そのようなことが生じるのか、それも、実は、人智では説明がつかないことです。そもそも、宗教という事柄には、「すばらしさ」（真理、真実）と「こわさ」（悪魔、サタン）が表裏一体的な仕方で関わっています。宗教的真理が顕《あら》わになる直前には、「魔境《まきょう》」が潜んでいるのです。釈尊の悟りについて「魔を降し、成道された」（降魔成道《ごうまじょうどう》）と語られます。ナザレのイエスにしても「サタンから誘惑を受けられた(3)」といわれます。これは、なにも、釈尊やイエスだから、ということではありません。一人ひとりの問題として、いつでもどこでも誰にでも起こり得る事柄です。宗教は、いずれも、「すばらしい」もの、豊かな人生を歩み出す可能性と、「アブナイ」もの・魔的なものを生み出す危険性を合わせ持っているものです。

3　さまざまな宗教――「他の宗教」との対話、「宗教でないもの」との対話

さまざまな宗教、とりわけ、伝統的な宗教は、ご存じのように、あまりにも、多様です。ユダヤ教もあれば、ヒンズー教もあります。キリスト教といっても、カトリックもあれば、プロテスタントの諸教派もあります。正教会もあります。イスラムにも、スンナ派、シーア派があります。仏教の形態もさまざまです。上座部仏教《じょうざぶぶっきょう》もあれば、チベット仏教もあります。日本仏教の諸宗派は、主に、大乗仏教の流れにあるものです。

二十（一）世紀の現代では、それぞれの地域での伝統的な宗教生活が変貌しています。伝統的な宗教生活に対する関心を持たなくなった人びとも少なくありません。現代は、多様な価値観が共存（混在）している「多元的な」社会です。宗教が、かつてのように、主

役ではなく、非宗教的な世俗化した社会でもあります。宗教に属している人にも、属していない人にも、等しく妥当するはずと理解される倫理（道徳）や法律が基本にある市民社会・一般社会です。もちろん、宗教は、少なからぬ人びとによって信奉されていますし、宗教的信念には生きていないと自認する人びとによっても宗教は尊重されています。また、道徳的な価値観や法律が、それぞれの地域の宗教文化的な伝統と深く関係している場合も多々ありますが、一つの宗教の教えが自明のものとして根本にあるわけではありません。現代社会（近代社会）は、非宗教的な性格を強く持っています。

「文明の衝突」「文明の対話」が語られます。痛ましい「宗教紛争」も少なくありません。現代における「宗教紛争」は、異なる宗教に属する人びとの共同体を取り巻く環境が激変し、さまざまな要因にもとづく緊張関係の中で出現しているものです。宗教の教えそのものを巡る争いではありませんが、宗教に対する複雑な感情を増幅させてしまうことになり、現代における宗教の変貌を加速させているかもしれません。

　現代は、仕事や観光で多くの人びとが地球規模の移動をするだけではなく、情報が瞬時に世界を駆けめぐる時代です。さまざまな宗教・教え（に生きる人びと）が存在することを肌で感じる機会も少なくありません。言葉の違いはもちろんですが、挨拶の仕方の違い、食事の作法の違いなど、宗教文化がお互いに異なる場合も少なくありません。食文化の違い、女人禁制・男子禁制などの性差に関わる習慣等々、さまざまな「宗教の問題」があります。そもそも、現代の日本社会では、「それが宗教の問題である」と強く認識されない場合も少なくないでしょう。日本社会での宗教観、宗教意識調査では、幸せな生活を送るうえで「宗教は大切」と思う人は増えているが、「信じていない」人が七〇%余りとなっています。また、多くの人は、初詣、墓参り、お守り、占《うらな》いなどを宗教行為と意識していません。(4)それらや、ひな祭り、(年末風景としての)クリスマスなどを「宗教」と考えるかどうかは、意見が分かれるでしょうが、このような日本社会における「宗教への無関心」も、現代の「多元性」の一つには違いありません。

世俗化した、また、価値多元的な現代社会において、宗教についての新たな視点が求められてきます。目の前に、右に左に、さまざまな「他の宗教」「宗教でないもの」が見いだされる時代です。伝統的な宗教が、さまざまな宗教が、さらには、非宗教的な価値観などが混在する仕方で選択を迫ってくる社会です。自身が帰依する教えについてだけではなく、「他の教え、人生の送り方」についての知識が、いやおうなく、求められています。私たちが帰依する浄土真宗と「異なる」宗教・教えについて知ることは、単なる好奇心からではなく、実は、自分自身（の教え）を新たな仕方で知ることにつながっています。個々の宗教、教派について、それぞれの特徴を学び知ることはとても大切なことです。「異なる」教えを排除するわけではありません。「異なる教え」とは違う「新たな自分」、つまり、浄土真宗の「新たな姿」を知ることができます。浄土真宗を「新たに」知ることを通して、今まで以上に「生きる力」が新鮮な仕方で生まれてくると思われます。

4 イスラム教徒にとっての「生きる力」——ムハンマドを模範として

「イスラム」という語は、元来、「服従《ふくじゅう》、平定《へいてい》、平和」を意味します。ここから、神にすべてをゆだねることという意味が生じて「唯一の神への絶対帰依」を意味するようになりました。イスラム教徒にとって、ムハンマド（マホメット）が啓示を受けたことがその教えの根本です。

ムハンマドは、キリスト教におけるイエスと違って、救世主（キリスト）のような特別な存在ではありません。普通の人間です。ただ、神からの啓示が彼を通して人類に伝えられたと理解されるので、預言者ムハンマドの伝えた（教えた）通りに生きることが神への

「服従」となります。礼拝の仕方、巡礼や喜捨について、また、日常の生活のさまざまな行為、結婚や離婚、財産分与、税金の納め方など、あらゆる事柄に関して、ムハンマドを通して教えられ、また、ムハンマドが模範を示したように、絶対帰依する行動がイスラム教徒の理想であり、人生のすべてとなります。日に五回の礼拝、ラマダン月の断食など、イスラム教徒を特徴づけるものは、たくさんありますが、いずれも、同じ趣旨からの行動に他なりません。イスラム教徒にとっての「生きる力」の源《みなもと》は、ムハンマドを通してなされた神からの啓示です。それとの出会いの中で営まれる「神への絶対帰依」が人生に他なりません。

5　キリスト教徒にとっての「生きる力」――イエスのことば

キリスト教徒にとっての「生きる力」は「キリスト」です。ナザレ生まれのイエスは、神の子・救い主（キリスト）で、「完全な人・完全な神」という特別な存在です。その特別な意味がどういうものであるのかは、ともかくも、イエスのことばに従うところに、「キリストとの出会い」があるとの理解です。よく知られているものの一つに、「隣人を自分のように愛しなさい」との教えを巡る「善いサマリア人」の物語[5]があります。

ある人が……追いはぎに襲われた。追いはぎはその人の服をはぎ取り、殴りつけ、半殺しにしたまま立ち去った。ある祭司がたまたまその道を下って来たが、その人を見ると、道の向こう側を通って行った。同じように、レビ人もその場所にやって来たが、その人を見ると、道の向こう側を通って行った。ところが、旅をしていたあるサマリア人は、そばに来ると、その人を見て憐れに思い、近寄って傷に油とぶどう酒を注ぎ、包帯をして、自分のろばに乗せ、宿屋に連れて行って介抱した。そして、翌日になると、デナリオン銀貨二枚を取り出し、宿屋の主人に渡して言った。「この人を介抱してください。費用がもっとかかったら、帰りがけに払います。」

さて、あなたはこの三人の中で、だれが追いはぎに襲われた人の隣人になったと思うか。」律法の専門家は言った。「その人を助けた人です。」そこで、イエスは言われた。「行って、あなたも同じようにしなさい。」

真の隣人が誰であるかは、別にキリスト教徒でなくとも理解できる物語ですが、キリスト教徒は、それを「一般的な」教え（道徳律）としてだけではなく、「イエスに出会う、キリストに出会う」、つまり、神の教え（ことば）にイエスを通して出会う行為と理解するのです。

6　仏教徒にとっての「生きる力」――釈尊のことば、法（ダルマ）

仏教徒にとっての「生きる力」は、「法・ダルマ」を「見ること」、それが実現できる（悟る、仏となる）ように求めようとすること（実践）に他なりません。「法」を最初に体得したお釈迦様のことばに出会い、帰依し、したがうところに「法を見る」道があります。仏弟子となったキサーゴータミーの「ケシの実」の物語(6)をご存じでしょうか。

かわいい息子が突然死んでしまい、泣き叫び、息子を［埋葬する人に］渡そうとしません。狂乱状態で、子どもが生き返る薬を探し回るキサーゴータミーは、釈尊がよい薬を知っていると聞き、やってきます。「白いケシの実を、ひとつまみ、今までに死者を出したことのない家から貰ってきなさい」。どこにでもあるものだから、喜んで求めに行くが、「死者を出したことがない」との条件で、ことごとく、だめになってしまいます。尋ね歩くうちに、「死者を出したことがない」という条件に含まれていることわりに気づきます。つまり、人は誰でも死に直面していることを。釈尊が教えられたことの真の意味を理解したキサーゴータミーは仏弟子となったのです。釈尊は、キサーゴータミーが「自分で気づく（法を見る、法に出会う）」筋道を教えられたのです。人が自身の本当の姿――死を迎える身であること――を知ることが、実は、「いまの、この私の人生」を、本当の意味で豊かに送ることのできる力となってくれるのです。

「自分で気づく（法を見る、法に出会う）」こと、それを、「仏力」を「他力＝如来の本願力」と受けとめる浄土門の教えにあって、親鸞聖人は「親鸞一人がためなりけり」と表現されました。突然、ビルが壊れ炎上して、また、空からの爆弾で、一瞬にして尊い命がたくさん失われるような悲しい出来事を前にして、それから目を背けず直視することが「親鸞一人がためなりけり」という事柄でしょう。仏教徒にとっての「生きる力」は「法を見ること、出会うこと――本願の教えに出会うこと」に他なりません。

7　「他の教え」と「門徒・浄土真宗」のふれあいの中で

現代は、キリスト教徒やキリスト教文化、イスラム教徒やイスラム文化等々、さまざまな教えとふれあうことの多い時代ですが、浄土真宗の信者は、日本社会の中で昔から「他の教え」とふれあいながら生きてきました。そのような中で「門徒ものしらず」という表現がいつ頃からか使われています。「ものしらず」とは何か、諸説ありますが、おおむね、「もの忌《い》みしらず」との意味のようです。

昔から日本社会には「八百万《やおよろず》の神々」がいて、それに関するさまざまな風習があります。宗教的な「多様性」が見いだされる社会です。キリスト教地域であっても、民衆生活の中には、変容した形での土着的な民俗宗教・祭礼が数々見られます。たとえば、クリスマスやハロウィンなどです。このような多様な宗教的風習とふれあうところでは、浄土真宗の信者の生活習慣が「他と違う」ように見えてきます。違うところは、門徒、浄土真宗の信者の行動、生活習慣が他の諸宗派の人びととは異なって「もの忌みをしない（とらわれない）」ところにあります。日本社会でよく見られる「良時吉日《りようじきちじつ》」の選びや「精進潔斎《しようじんけつさい》」などにとらわれない生活行動が、それを行っている人から見ると「ものを知らない」と映るのです。「門徒ものしらず」は、なにも、「門徒はものを知らなくてよい、何もしなくてよい」というような意味ではありません。浄土真宗の信者は、阿弥陀様の願い、本願にすべてをおまかせします。報恩感謝のお念仏が「生きる力」のすべてです。ですから、「良時吉日」「精進潔斎」などにとらわれる必要がないのです。専修念仏の教えは、他宗派の人びとにとっては、「排他的」に見えるかもしれませんが、浄土真宗の長い歴史の中で、「他の教え」に生きる人びとと共存してきたことの事実が「門徒ものしらず」という表現に凝縮されているのです。

世の中には、さまざま宗教があります。それぞれにおいて、「生きる力」の意味合いは違っているかもしれません。時には、死ぬことも恐れずに、結果として死に至る行為を信仰の名のもとに選びとる人もいますが、浄土真宗のお念仏の教えは、自らの命を捨てることを教えるものではありません。むしろ、「人身《にんじん》受け難し」（この世に生をうけることはとても難しい）という事実を見つめるところで「いのちの大切さ」を教えるものです。自分という存在の小ささ、ちっぽけな自分を知らされるところに、本当の「生きる力」が生まれてくるのではないでしょうか。

註

（1）『世界がもし一〇〇人の村だったら』（池田香代子　再話　C・ダグラス・スミス　対訳、マガジンハウス、二〇〇一年十二月）を参照。

（2）『宗教年鑑』平成十年版、文化庁編（ぎょうせい・平成十一年）参照。

（3）「マルコによる福音書」一章一三節（『聖書』新共同訳、日本聖書協会）参照。

（4）読売新聞二〇〇一年十二月二十八日「宗教に関する全国世論調査」を参照。
（5）「ルカによる福音書」一〇章三〇節〜三七節参照。
（6）『テーリー・ガーター（長老尼偈）』（岩波文庫・二一三偈〜二一三偈）など参照。

あとがき

深草の地、龍谷大学に奉職して二十五年が過ぎた。四半世紀という言葉に不思議な感じもするが、区切りのよい数字の年数ということに因んで、拙文を集めてみようと思い立った。顕真館での法話、同趣旨の短文ばかりなので、法話集といえようが、むしろ、「宗教・仏教・真宗・親鸞」を巡るエッセー集といえる。

龍谷大学深草学舎に、建学の精神を具現化する礼拝堂として顕真館が建立されたのは、一九八四年である。私が着任した一九八一年には、すでに、建築計画が進んでいた。紫英館だけであった現赤レンガ仕様の建物は、顕真館竣工の後、次々と増えていった。八〇年代の龍谷大学は、どんどん、大きくなっていった。八八年のカリキュラム改革（セメスター制・四学部で共通科目同時開講、経済・経営・法学部に学部共通コース開設など）、八九年（平成元年）瀬田学舎に理工学部・社会学部開設など、龍谷大学が発展していく姿はまばゆかった。また、その中の一員であることを誇らしく感じていた。

一般教育科目の宗教学担当者にすぎないのだが、浄土真宗・親鸞精神に関心を持っていたことと関係するのか、経営学部からの宗教委員の役を数年にわたり与えられ、御逮夜法要の法話の席にも何度か立たせていただいた。また、龍谷大学に奉職していることが御縁になって、拙文を書く機会が与えられたこともある。拙書は、それらをまとめたものである。まとめたといっても、別々の機会に書いたもので、重複している内容も多々あり、文体もまちまちである。

「親鸞・真宗・仏教・宗教・哲学・教学」への関心のもとに書いてきたものの中で、論文等は、拙書『見える真宗・見えない真宗』（一九九三年）『宗教の教学』（二〇〇四年）にまとめたが、その中に入らなかった短文等を集めたのが拙書である。編集の労をとってくださったオフィス池田の池田顕雄氏のご助言によって、エッセー集風のものに仕上げていただいた。「宗教の祈り　親鸞の願い」という表題も、池田氏が拙文の意を汲み取って、アドバイスしてくださったものである。「祈りと願い」に即して「宗教」「親鸞」を配当した表現であるが、宗教における根源的なもの、象徴としての〈親鸞〉への関心を指し示すとてもよい表題を与えていただいたと感謝している。

なお、各章の扉には、私が撮影した写真を使わせていただいた。また、聖典の引用は、『浄土真宗聖典（註釈版）』（本願寺出版社、昭和六十三年）に依り、『註釈版』と略記した。

最後に、拙書への収録について、龍谷大学宗教部、本願寺出版社、禅文化研究所、中外日報社、文化時報社に格別のご高配をいただき、法藏館からの出版に際して、西村七兵衛社長には格別のご高配を賜り、池田顕雄氏には適切なご教示と温かいご配慮に与った。心よりお礼申し上げる。

二〇〇六年四月二〇日

高田信良

●初出一覧（＊は改題）

Ⅰ

祈りと願い――イエスの勧め、釈尊の勧め
龍谷大学お逮夜法要、一九九九年六月一五日（『りゅうこくブックス』九二号、龍谷大学宗教部、二〇〇一年一月六日）

二河白道の譬喩――妙好人の風景
（『ひとりふたり‥』八一号、法藏館、二〇〇二年一月一日）

やはり、「しょうしんげ」です――「一冊の書」と人生
（『ひとりふたり‥』九二号、法藏館、二〇〇四年九月一〇日）

Ⅱ

宗教に学ぶ
龍谷大学お逮夜法要、一九八四年六月一五日（『りゅうこくブックス』二五号、龍谷大学宗教部、一九八四年一〇月一八日）

私にとっての宗教――仏教・真宗・哲学
西村恵信先生還暦記念文集『人生と宗教』（禅文化研究所、一九九三年発行）

見える真宗・見えない真宗
（『文化時報』一九九一年一月一日）

Ⅲ

＊海のうちとのへだてなく――世界の中の親鸞
龍谷大学お逮夜法要、一九九〇年一一月一五日（『りゅうこくブックス』五六号、龍谷大学宗教部、一九九二年三月三一日）

＊手を合わす心――土着化した宗教心とお念仏
龍谷大学お逮夜法要、二〇〇三年五月一五日（『りゅうこくブックス』一〇六号、龍谷大学宗教部、二〇〇四年五月二一日）
＊宗教なき信仰――現代日本人の宗教を考える
龍谷大学お逮夜法要、一九九二年六月一五日（『りゅうこくブックス』六五号、龍谷大学宗教部、一九九四年五月二一日）

Ⅳ

課題としての還相廻向
（『中外日報』一九九四年二月八日）
浄土真宗にとっての儀礼とは？
『真宗における儀礼』第一章（本願寺出版社、二〇〇一年）
「生きる力」の比較宗教学――「異なる」宗教との出会いの中で
『生きる力――宗教と倫理』第Ⅳ章（本願寺出版社、二〇〇二年）

高田信良（たかだ　しんりょう）
1947年、滋賀県守山市の真宗木辺派西蓮寺に生まれる。
1975年、京都大学大学院博士課程単位取得。1981年、龍谷大学経営学部講師（宗教学）。1994年、同教授。2005年、博士（文学）［龍谷大学］。2006年4月、龍谷大学文学部教授（宗教学）。
著書に『見える真宗・見えない真宗』（永田文昌堂、1993年）『宗教の教学――親鸞のまねび』（法藏館、2004年）がある。

宗教の祈り　親鸞の願い

二〇〇六年五月二〇日　初版第一刷発行

著　者　髙田信良
発行者　西村七兵衛
発行所　株式会社　法藏館
京都市下京区正面通烏丸東入
郵便番号　六〇〇-八一五三
電話　〇七五-三四三-〇〇三〇（編集）
〇七五-三四三-五六五六（営業）

印刷・製本　リコーアート

ISBN4-8318-8996-2 C0015